北京亚太财科咨询有限责任公司课题"财政数字化转型"研究成果

CAIZHENG SHUZIHUA
ZHUANXING YANJIU

财政数字化转型研究

北京亚太财科咨询有限责任公司 著

中国财经出版传媒集团
中国财政经济出版社

图书在版编目（CIP）数据

财政数字化转型研究／北京亚太财科咨询有限责任公司著． －－北京：中国财政经济出版社，2020.10

ISBN 978－7－5223－0027－6

Ⅰ.①财… Ⅱ.①北… Ⅲ.①财政管理－数字化－研究－中国 Ⅳ.①F812－39

中国版本图书馆 CIP 数据核字（2020）第 170366 号

责任编辑：樊 闽　　　　　责任校对：胡永立
封面设计：陈宇琰

中国财政经济出版社出版

URL：http：//www.cfeph.cn

E－mail：cfeph@cfeph.cn

（版权所有　翻印必究）

社址：北京市海淀区阜成路甲28号　邮政编码：100142

营销中心电话：010－88191537

北京财经印刷厂印刷　各地新华书店经销

787×1092毫米　16开　10印张　152 000字

2020年10月第1版　2020年11月北京第2次印刷

定价：49.00元

ISBN 978－7－5223－0027－6

（图书出现印装问题，本社负责调换）

本社质量投诉电话：010－88190744

打击盗版举报热线：010－88191661　QQ：2242791300

序　言

　　适逢财政信息爆炸的时代，政府各部门决策依赖的信息越来越广泛多维，随着财政数据分析挖掘的深入，财政数字化转型平台的建设已迫在眉睫。目前，"大智移云"技术方兴未艾，在各行各业的应用如火如荼，高新技术行业、事业单位与企业积极参与，财政部门更是翘首以待。将此技术应用于财政，将财政作用于实际，是每个财政管理者的愿望、责任与使命，财政作为经济的调节器、社会的稳定器、风险的预警器，财政数字化平台的功能应该更加广泛、强大、精准与及时。本书基于项目实施经验，综合国内外财政数字化转型研究，将财政数字化的现状、存在问题、研究成果、技术、经验与方法介绍给各位财政数字化转型的后备军与弄潮儿。希望知识的分享、交流与传承，能让财政的作用在这个后疫情时代，更加熠熠生辉。

　　本书仰望星空，将"大智移云"技术与财政业务相结合，畅想财政大数据的未来，专注解决财政运行过程中的痛点与问题，实现财政智能。在书中，我们探讨了大数据采集技术、分布式存储技术、大数据并行运算等在财政数据采集、存储与计算中的应用价值，并结合目前主流的机器学习模型，研究逻辑回归、随机森林、神经网络、主成分分析等数据分析技术在财政运行与决策中的应用，推动财政数据智能的发展。

　　本书亦脚踏实地，探索"大智移云"在财政中应用的路径。本书对目前财政大数据的现状、应用意义、相关问题进行研究，纵观前人的研究成果，在此基础上结合生产实际，对财政数字化转型建设需求与建设目标进行研究与思考。

　　本书是北京亚太财科咨询有限责任公司课题成果，由中国财政科学研究院 PPP 研究所彭程所长总指导，王宏利研究员任课题组组长。王宏利研究员应用"大智移云"等技术的研究成果多次获得省部级以上领导的批示和认可，有些研究成果成为政府政策。课题组希望课题成果的出版能够有助于提高财政运行的效率，洞穿财政的事实真相，助力财政科学决策，改变财政发展未来。希望各位读者能从书中受到启发，为财政数字化转型添砖加瓦。

王宏利

2020 年 8 月

目 录

1 引言 …………………………………………………………………（ 1 ）

2 财政数字化转型的背景分析 ……………………………………（ 6 ）
   2.1 财政数字化转型研究背景分析 ……………………………（ 6 ）
   2.2 财政数字化转型研究目标分析 ……………………………（ 10 ）
   2.3 财政数字化转型建设内容分析 ……………………………（ 13 ）

3 财政数字化转型研究综述 ………………………………………（ 16 ）
   3.1 财政数字化转型研究综述 …………………………………（ 16 ）
   3.2 大智移云在财政数字化转型的问题综述 …………………（ 26 ）
   3.3 大智移云于财政数字化转型的意义 ………………………（ 31 ）

4 财政数字化转型建设需求研究 …………………………………（ 34 ）
   4.1 财政数字化转型项目建设需求 ……………………………（ 34 ）
   4.2 财政数字化转型建设目标研究 ……………………………（ 38 ）
   4.3 财政数字化转型关键技术研究 ……………………………（ 47 ）
   4.4 财政数字化转型建设思路研究 ……………………………（ 69 ）

5 财政数据特征挖掘研究 …………………………………………（ 73 ）
   5.1 基本统计 ……………………………………………………（ 73 ）
   5.2 集中趋势 ……………………………………………………（ 76 ）

5.3　离散趋势 …………………………………………（79）
　　5.4　数据分布 …………………………………………（82）
　　5.5　影响因素 …………………………………………（86）

6　财政数据机器学习建模研究 ……………………………（90）
　　6.1　财政数据预处理 …………………………………（90）
　　6.2　财政数据查询 ……………………………………（95）
　　6.3　财政数据建模 ……………………………………（96）

7　财政信息安全保护措施研究 ……………………………（125）
　　7.1　财政数据安全管理体系研究 ……………………（125）
　　7.2　财政系统硬件平台设计研究 ……………………（126）
　　7.3　财政数字化平台操作系统安全研究 ……………（131）
　　7.4　财政数字化平台数据库安全研究 ………………（132）
　　7.5　财政数字化平台存储系统安全研究 ……………（135）
　　7.6　财政数据访问安全研究 …………………………（137）
　　7.7　财政数字化平台应用层安全研究 ………………（139）

8　结论与展望 ………………………………………………（144）
　　8.1　全书总结 …………………………………………（144）
　　8.2　未来发展与展望 …………………………………（146）
　　8.3　对策与建议 ………………………………………（147）

参考文献 ……………………………………………………（150）

1 引 言

当前我国已进入全面推进工业和信息化的重要时期,党和国家领导人多次提及信息、信息化、信息网络等概念,并大力推进"信息化、农业现代化、工业化、城镇化"的同步协同发展。信息化已成为各项事业发展进步的目标和路径,财政信息化建设也面临诸多挑战。

由于信息数据与经济发展交融愈发紧密,数据资源出现爆发性增长,进而发展为一国的基础性战略资源。借助先进的数据分析技术,能够攻克传统手段难以解决的相关关系,并积极推进政府对于相关数据资源的开放与共享,推动社会相关事业中的信息资源交互,进而充分加强政府有关部门对于数据的利用程度与技术水平,以更加高效的手段解决烦琐复杂的社会难题。为满足财政相关业务的运行需求,建立包含众多信息类目的高效财政数据搜集平台即财政信息数字化平台则显得至关重要。这一平台不仅能够作为财政相关信息收集中心,确保全面地统计财政收入、政府资产负债以及公共预算收支等各类别的财政数据,同时也能促进政府财政单位与其他机构关于财政相关的基础信息资源的开放与共享,做到所有财政相关数据资源的整合,以提高数据资源的应用与管理程度,实现资源管理横跨多部门、多业务以及多层级，建立起涉及公共基础信息资源、财政业务相关数据资源等众多信息资源的财政数据海洋，为财政数字化转型工作的开展奠定良好的基础。

财政自诞生之日起就服务于经济社会的发展，财政部门更是天然的数据产出地，每时每刻都在产生着海量的数据资源。但是，受到"一级政府一级财政"的制度限制，财政部并不能完全掌握各地方"原汁原味"的财政业务数据。财政的数据分布情况基本上是以业务为界，即业务谁负责，数据谁拥有，造成了财政数据的贯通、整合和共享程度较低。

大智移云的技术不仅表明我国信息化水平已显著提高，也是促进国家信息技术广泛应用的重要手段，对于国家的经济增长和社会发展有着深远意义。大智移云技术的应用不仅是财政技术改革的必要举措，同时也是中国特色社会主义新时代发展的需要。目前，财政部门和各类金融机构均在筹措资金进行相关信息系统的搭建，不论是银行机构研发的"金库信息工程"，还是税务机构开展的"金税工程"，都涉及包含会计核算与财政数据管理等功能的数字平台搭建。由此可见，财政信息化的发展已经逐渐深入与财政工作紧密相关的众多机构与单位之中，财政部门的信息系统搭建工作刻不容缓。财政部门应当尽快建设起功能全面的财政数字化平台，统揽各类财政收支业务系统，在功能上实现集中收付、收支审核等各类财政业务。大智移云的时代主题中，财政部门也应当及时改进工作流程、优化办公方式，确保高效处理海量的财政数据资源，同时做到财政信息化的普及。

为解决财政信息孤岛的问题，对财政数据进行集中管理，将财政数据进行系统的展示，为财政决策提供数据支持，本书提出了基于大智移云的财政数字化研究，全书将从提出背景、研究意义、技术支持、建设目标介绍财政数字化转型研究。

（1）引言。简要介绍本书研究的背景与意义。随着信息化的不断深入，财政数字化也将成为必然的趋势，大智移云技术的兴起促进了财政数字化平台的发展，有利于解决"财政信息孤岛"，促进财政决策数据化与智能化，随后详细介绍本书研究思路与结构。

（2）财政数字化转型的背景分析。主要介绍本书的现实背景、建设目标与建设内容。本书是基于财政现实需要提出的，构建财政数据化转型大数据分析决策平台，将会对财政相关数据进行采集、处理与保存。在研究层面有利于对财科院、社科院、高等院校等财政研究机构提供数据资料获取渠道。在分析层面有利于政府部门对财政进行数据分析与建模，对财政预算与决算进行预测、制定与考核。在监控层面有利于政府对财政项目进行追踪与分析，对项目支出进行监控与增效。在共享层面有利于财政数据综合管理与数据共享。因此，我们需要建立财政数据化转型大数据平台，该平台应该具备全方位多维展示的分析报表、规模且实时的数据采集与存储功能、全面且精准的财政数据监管算法、全面且多样的财政数据挖掘模型、准确且及时的财政数据预测分析、智能且扩展的财政应用服务资源。在项目实施过程中，主要为平台构建全方位的数据采集渠道，资产化的数据中台建设，动态性的财政智能展示报表以及智能化的财政服务应用。

（3）财政数字化转型研究综述。主要从理论研究层面提出财政数字化转型大数据平台建设的必要性，介绍大智移云与财政的内涵外延、应用方式、存在问题与应用意义。财政是国家或者政府机构的收支活动，大智移云即大数据、人工智能、云计算与移动互联网，两者结合将会产生化学反应，在数据采集的广度、信息存储的量级、数据分析的维度与复杂度、信息展示的便利性、财政决策的智能化方面，都会产生重大变革。但是，目前大智移云技术在财政数字化中的应用还存在一些问题。宏观层面，对财政数字化认识有待提高，财政信息化创新性应用力度不足，缺乏财政信息化人才；中观层面，缺乏财政大数据标准，不能有效利用财政信息。技术层面，大数据利用效率提高面临阻碍，智能化对财政需求个性化满足不够，移动互联网平台建设滞后，"财政信息孤岛"现象仍然存在。基于这些问题，目前构建财政数字化转型大数据平台有深远的意义，可以充分挖掘财政数据的潜在价值，全面推进政府资源的重整与深入应用；有效联结财政部门各信息孤岛，积极推进财政管理现代化转型；积极助力透明财政建设，有效提高绩效评估准确性；促进财政服务智能化转型，以及推动财政领域学术研究。

（4）财政数字化转型需求研究。主要从需求角度，梳理财政数字化转型平台的建设需求、建设目标、平台设计原则与关键技术。从需求层面来看，目前的财政数字化转型平台还不完善，需要在数据采集、数据存储、数据检索、数据分析、数据可视化、数据挖掘、数据决策等方面都应用大智移云进行相关的提升。基于这样的需求，财政数字化转型大数据分析决策平台需要搭建财政数据实时采集、解析和存储数据框架，进行财政数据全文检索与汇总与财政运行风险自动识别与预警，开发财政数据特征分析工具、分析模型库与特征库，实现财政数据共享与前端展示，构建财政数据中台建设与数据赋能，推进财政数字化平台建设与决策智能。

（5）财政数据特征挖掘研究。主要介绍基本统计、集中趋势、离散趋势、数据分布与影响因素基本分析方法在财政数据分析中的应用。基本统计方面，包括最大值、最小值、同比、环比、绝对数、比例等的基本概念与财政分析中的应用介绍。集中趋势方面，主要包括中位数、平均值、众数、分位数的概念与计算方式，介绍集中趋势在收入分析中的应用。离散趋势方面，主要介绍了包括极差、方差、标准差、离散系数等的概念、计算方式，以及离散趋势在贫困差距中的应用。数据分布部分，主要介绍了偏度系数与峰度系数的原理与计算方式，以及在收入分布中的应用。影响因素部分，主要介绍了主成分分析、显著性检验等概念与应用，介绍"三驾马车"对经济增长的影响。

（6）财政数据机器学习建模研究，主要介绍财政数字化转型中数据预处理、数据查询与数据建模方法。数据预处理方面，主要介绍了财政数据去重、填充、删除、降噪、一致性处理、缺失值处理、降维处理、数据变换等方法。数据查询方面，财政数字化平台支持简单的 SQL 数据查询，语法简单，调用方便，功能强大，能满足日常信息获取、筛选、关联、聚合与报表需求。数据建模方面，在财政大数据分析中应用大数据挖掘技术，介绍了多元线性回归、时间序列、决策树分类、随机森林、K 邻近、聚类、主成分分析等机器学习算法的概念、原理与应用方法，详细举例这些方法在财政中的应用场景。

（7）财政信息安全保护措施研究。财政数字化平台包含各地区财政单位的数据，许多数据涉敏，需要保护，信息数据安全的保护系统，可实现对本地资源及外链资源的保护，要求系统有多级的权限管理，灵活的权限配置。对于每一个用户的数据，用户都可以进行独享和共享的设置。这部分内容主要从数字安全层面对财政信息的保护措施进行研究，包括安全管理体系、操作系统安全、数据库安全、存储系统安全、访问安全等研究。在财政数字化平台应用层面的安全研究，从安全通信、密码算法、公钥基础设施、

SSL 安全方案、抗抵赖方案、访问控制等方面进行深入探讨。

（8）结论与展望。对本书财政数字化研究内容进行总结，对财政数字化平台的建设与应用进行展望，并对相关的问题提出对策与建议。本书立足于大智移云等先进技术的时代背景，针对财政数据平台的数字化转型进行研究，研究内容从理论发展到技术实现均有涉及，旨在为当前财政相关数据的管理提供先进、高效的思路，以满足信息化时代对于数据处理的高标准、高要求。综合考虑本书的研究成果以及目前国内有关财政数字化转型的现状，我们有充分的理由可以确定大智移云技术在财政数字化转型的过程中将扮演不可替代的角色，数字化平台搭建时全面结合大智移云技术已经完全满足现实可行性。展望未来，我国大智移云技术发展日益加快，其技术应用也在与其他行业的融合发展中逐渐成熟稳定，对于财政数字化转型的工作进展必然会产生积极的推动作用，将财政数字化平台的数据处理优势发挥到最大效用。充分利用大智移云技术的优势，将数据挖掘等各类型算法与财政数据独特性进行结合，以实现高效的数据采集、合理的数据监控、全面的数据挖掘、准确的数据预测功能，并通过提供全方位多维度展示的分析报表等形式，满足财政服务的多样化需求，为财政业务人员提供更加个性化的助力服务。

2

财政数字化转型的背景分析

2.1 财政数字化转型研究背景分析

党的十九大提出"更好地发挥财政职能作用",财政信息作为国家治理的重要资源和基础,对于政府优化资源配置、促进社会公平、维护市场统一、保障国家机器正常运行具有重要作用。推广运用财政数据,以作为财政部门或地方政府发挥财政职能作用的切入点和深化财政体制改革的抓手。

21世纪以来,我国一直在培育财政数字化优势,并尝试将调研数据应用于基础设施建设和市政公共事业,但至今仍没有建立起完善成熟的财政数据体系。功能完备的金融市场支持与平台体系,对于财政数据平台的良性发展具有重要作用,能够充分规避掉平台早期项目中出现的管理混乱问题,以充分发挥数据平台的优势和潜能。

回顾过往的财政数字化平台项目,能给我们提供很多宝贵的经验和教训。对平台项目成败的经验总结与借鉴,将有利于我们推动财政数字化转型数据平台更好地发展。

在当前形势下，迫切需要建立一套统一的财政大数据平台。作为财政工作有序展开以及财政数据相关活动高效运行的技术保障，财政数字化平台的搭建能够使得财政部门与其他相关单位充分利用当下大智移云的优势。

当前，数据整理和加工任务很重，需要发挥先进网络技术和数据平台的作用，单靠传统的手工操作方式难以适应加快推进财政数字化转型工作的要求。虽然目前国内关于财政数据平台的网站和数据库非常多，但没有专门用于分析综合性、权威性、专业性、动态性的财政数据库，这给社会上相关部门、相关企业研究工作带来诸多不便，也大大降低了相关工作的效率。

建立财政专业数据平台，既有利于提高当前研究效率，加快提高财政研究质量；也有利于将财政研究过程中的各种资料、副产品和数据转化为一项"长期资产"，为政府、企业提供决策和管理的依据，同时也建设起能够提供长期性的服务财政数据的平台，为中国财政科学研究院等财政科研机构的智库提供数据支持。

2.1.1 为国内财政平台数据提供研究支撑

为响应党的十九大关于"强化财政管理监督"的号召，社会各界对于财政数字化转型的关注更加密集，着力研究通过财政数字平台的搭建提升财政监管能力。由此，以财政平台数据提供研究支撑，推进财政项目规范发展成为财政工作关注焦点。

完善的财政数字化转型的框架是推动财政发展的重要途径。同时，财政相关项目运行的维系大多靠各类财政文件来支撑，如国务院的规定、通知、意见；各部委的规定、办法通知；各级地方政府的相关规定等。虽然这些文件对加强政府与企业之间的合作起到了一定的促进作用，但其相互间的冲突却随处可见。

建立财政数字化转型平台与数据库显得尤为重要，旨在对我国财政相关数据进行分析，也对我国财政决策提供最好的支撑。

2.1.2 对全国财政项目进行数据跟踪与分析

财政数字化转型可以更好地对政府授权的公共部门以及私营企业、项目公司、银行等金融机构、保险公司、投资咨询公司、设计单位、施工单位、供应商、运营商以及用户提供数据跟踪、分析等。

历史经验显示，一般情况下财政项目承受的风险往往大于一般工程项目，其中涉及的潜在因素也更加复杂，所以财政项目的风险不同于一般项目，表现出的是多样化、结构复杂、动态变化以及多阶段等特点，因此对于财政项目的科学管理显得至关重要。

目前，全国财政数字化转型平台项目较为分散，缺乏整体的统计分析和对项目的数据进行跟踪分析，建立财政数字化转型平台数据库，有利于对国内众多财政项目进行数据分析、经验分享以及项目进程的实时追踪，包括全国财政项目的总量、投资总额和各个省市甚至到百强县的每个项目的名称、所在地、投资额、财政等信息。用大数据的方式可以高效、便捷地推广和规范中国财政改革发展。

2.1.3 对全国财政项目进行数据统计与建模

截至2018年第一季度，全国综合信息平台收录管理库和储备清单中财政数字化转型项目超过了13000个，投资总额高达17亿元。但是，关于如何对这些投资项目产生的大量固定资产进行财政数据处理，在目前还是一个难题，甚至缺乏相应的管理政策，而这些投资项目涉及范围甚广，包括水利建设、市政工程、交通运输以及公共服务等多个方面。

由此可见，全国与财政相关的项目之多，涉及金额之大，财政数据的统计成败与否决定着国家基础设施建设能否顺利进行，关系着民生与国家稳定。

目前，由于全国财政数据主管部门多样化，数据统计工作难以开展。不同部门所掌握的财政信息互不共享，甚至出现不同部门对同一个项目的数据统计不同的情况。同时，对于财政数据定量等工作，没有统一的平台建立，各个机构的数据还处于"单打独斗"的阶段。建立财政数字化转型数据库，旨在分行业、分领域统计不同财政项目等相关数据，并对项目中需要定量测算数据的工作进行模型化、公式化处理，减少数据工作量，提高工作效率。

2.1.4 对全国财政进行预算决算与差异分析

根据财政部发布的年度地方预决算公开数据，结合各级地方政府的检查覆盖单位和部门超26万家，各级政府均达到公开预决算的基本要求，面临全国众多的地方政府财务预算决算数据，财政工作的数字化转型是不可避免的。

基于大智移云的财政数字化转型，通过对全国各地财政支出的各项指标进行实时监测，所有预算单位需要对本单位的财政资金和自有资金使用情况进行实时记账，并通过平台将财务数据上传以便审计部门进行财务分析，有效避免潜在的操作违规等风险发生；成熟的财政大数据分析平台，能够对相关部门的财政数据进行关联分析，进而避免专项项目多次重复申报或是违规使用财政专项资金的问题发生。所以，伴随着财政信息化程度的不断加深，财政办公的透明度也获得了质的提高，阳光财政、廉政建设工作的展开也随之迈向新的高度。

2.1.5 对全国财政项目支出进行监控与增效

以财政部最新发布的《中央部门预算绩效运行监控管理暂行办法》为代表，各级地方政府亦开始针对财政项目支出进行强有力的监控管理，力求保证绩效监控满足"突出重点、全面覆盖、及时纠偏、结果运用、约束有力、权责对等"的要求，进而优化财政部门的项目管理使预算更加科学合理。

借助强有力的监督机制，针对财政内外部系统进行严谨的预算监督，对于财政部门设定的各项财政目标的实现具有积极的推动作用。预算监督可以具体分为事前预测、事中控制、事后评估，因此监督活动遍布整个财政治理的流程。在大智移云的推动下，全过程的预算监督工作获得了质的提升，主要体现在以下几个方面：首先，预算监督实现了国库账户的实时监控，有助于把控财政收支整体状况，及时解决违法违规的财政收支行为；其次，财政收入也因此实现了及时查询的功能，政府机关与相关机构实现了财政信息的共享互联，能够实施监控财政收入入库和重点税源的纳税状况；同时，财政监督也能针对重点的支出风险进行预警，如三公经费、民生支出等活动，都能够实现数据的实时分析与监控；另外，政府资产负债状况能够实现全景分析，借助于部门与各类金融机构之间的信息共享，政府的具体资产与负债都能够详细列出以供分析决策；最后，财务核算也能实现准确的量化考核，通过搜集主体单位的财务预决算执行活动所遗留的信息痕迹,转化为数据进行管理,进而实现量化的自动评价。

2.1.6 建立财政数据综合管理与共享中心

通过建立财政数据综合管理与共享中心对海量财政数据进行挖掘利用,一方面财政数据碎片化的劣势能够得到缓解;另一方面财政业务的具体流程也能实现优化,进而提升办公效率以及财政效用。具体而言,常规的财政治理主要有三个目标:首先是严格的支出管控;其次是对资源进行科学合理的分配,即资源分配的战略化;最后是有序高效的业务运行,即物有所值。纵观财政治理,存在大量固化的收支业务操作,以维持具体决策活动的稳步实施与有效传递。另外,固化的业务流程,还会与其他控制形式共同作用,产生相互作用的监管机制,如收支与现金管控、预算授权与支付管理等活动,均存在一定的联系,进而充分实现各部门相互制约影响的目标。

2.2 财政数字化转型研究目标分析

财政数字化转型研究的目标是建设财政数字化一站式数据平台。财政数字化转型大数据分析与决策平台建设是规范推进财政工作的技术支撑,也是财政部门发挥大数据优势的充分体现。平台要实现专门用于研究分析的综合性、权威性、专业性、动态性的财政数据库,切实为项目与研究提供数据支撑,并有效提高数据整合的效率。通过财政数字化专业数据库,可以加快各个机构与企业的研究质量与项目数据研究;通过平台可以将各种财政数据资料和成果转化为"长期资产"做存储与管理;政府可以通过平台数据对今后的研究做出决策与管理;企业可以通过平台数据对今后的项目做出决策与管理;财政数字化平台同时也为财科院等智库建设提供长期性的数据支持。

财政数字化平台应是一个集成数据采集、数据整合、数据分析、数据检索、数据发布与数据展示的综合性平台。

财政数字化平台要实现对与财政项目相关的内网、外网、结构化、非结构化的数据进行采集、整合、存储、管理,最终形成一个海量财政数字化数据库,用户可以通过个性化的检索,获取想了解的财政相关内容。

财政数字化平台同时给用户提供了丰富的国内外的相关财政资讯展示、法律、政策、资料的查询，数据统计分析功能。为保证知识及经验的传承、延续，平台将提供数据下载的相关功能。平台将分权限提供财政数据的相关接口功能，有效保证与外界良好的数据沟通。对于财政项目的研究成果，平台提供了成果统计与发布的相关功能，让外界对国内财政相关项目与研究有最新的了解及认识。

2.2.1 全方位多维度展示的分析报表

全方位多维度展示的分析报表既包括财政数据本身（数据包含了财政省市预算资金，也包含发改委推动的一些非预算资金支持的财政项目数据，以及全国各个省市的盈利情况与亏空情况）的统计、分析，还包括国内对财政的相关研究、咨询、决策参考服务等内容。

针对财政数字化平台，数据本身只是其中的一个要素，该平台建成后首要的任务是实现对全国各个省市财政数据的全面整合，根据数据规范对项目进行跟踪与分析，对项目建立数据模型，保证单个项目在财政系统内部的统一。通过完善的项目数据及其分析和测算，可以使用户保持对项目数据的全程跟踪，生成报表，真正实现数据无遗漏，把握全局，有效掌控。为了保证财政数字化平台的前瞻性、理论性、科学性、客观性，需要充足的资讯与数据，才能为平台提供有力支撑。所以财政数字化平台的职责就是要采集尽可能全面且有效的数据、资料、资讯，以为财政数字化提供支撑与帮助。

2.2.2 规模且实时的数据采集存储

财政相关数据信息的采集难题一直是财政数据平台运行的普遍困扰，具体体现在现阶段由于政府各部门改革步调不一致，致使改革的广度和深度不同步，缺乏信息化建设的顶层设计，政府部门各系统的数据接口不开放、不共享，导致各项财政数据冗余，产生了彼此独立的"财政数据孤岛"，大量的数据无法直接共享。就当前而言，众多从事财政业务相关工作的人员对于财政数据信息的共享意识不断提高，从业人员不论是在广度还是量度上，都渴望能够接触到更多的数据，而对于海量数据的实时采集与处理则对数据存储技术产生了较高要求。利用大智移云的优势，海量数据的采集存储将不再是难题,保证了数据采集的即时性及高效性,力求在"用数据管理、决策、说话、创新"的政府治理宗旨下,全面覆盖和反映财政资金的执行使用情况。

2.2.3 全面且精准的财政数据监管

大智移云时代下,财政体制改革多点突破,不断向纵深推进,预算编制持续细化,对会计核算管理提出了更高的要求。在保证预算实施单位的主体地位不变、预算金额使用权限不变、财政工作的管理以及核算权限不变的前提下,针对预算主体部门实施统一的财政核算方法与原则,进行集中监管。在大智移云背景下,运用互联网信息技术,借助"财政数据治理"平台,对财政核算的审核、制单、支付和稽核的全过程进行监控,加强了预算执行情况的监管,同时还能够推进财政业务管理的系统化和科学化发展,进一步提高预算单位的绩效评估意识,优化财政监管的效率。

2.2.4 全面且多样的财政数据挖掘

在机器学习、数据挖掘等技术支持以及数学统计方法的理论支撑下,在有效的数学模型基础上,建立起高效运行的财政数据治理平台,针对众多的财政数据资源进行处理与分析,对照绩效评价、经济责任审计等管理规定,深度挖掘并充分利用财政数据,计算分析财政资金的使用效率,评估其使用成效,尤其是针对财政收支的经济性以及效率进行客观的评测,进而对经济决策实行有效的制约与管理,以此提高政府财政部门的责任意识、改进相关单位的工作作风、促进反腐倡廉工程建设,最终增强财政资金的转化效益。

2.2.5 准确且及时的财政数据预测

传统的财政预算编审工作是各预算单位通过该系统填入预算申请数据,财政部门利用系统查看审核各预算单位的数据并形成反馈意见,下达预算单位按照控制数修改,财政部门再次审核后将财政预算数据提交各地人民代表大会审核,形成部门预算编制过程。大智移云背景下,使用互联网信息技术,统计并分析预算单位历年的预算审核数据,将其与预算指标的申请和支付记录交叉验证,进而追踪预算的执行情况,并提供可靠的数据依据以支持部门预算的科学编制，确保财政资金流动的高效合理，同时也有利于下一季度的部门预算的合理编制与规划。

2.2.6 智能且扩展的财政应用服务

通过大数据分析、信息智能挖掘、个性化推送等手段，以财政数据管理为起点，不断拓展延伸各种服务。

通过网络爬虫技术，采集指定网站或网站栏目下财政相关的内容数据，资源采集工具参数要灵活配置，保证数据采集的灵活性，数据的高可用性。通过网络的数据采集、清洗、挖掘的一整套解决方案，可以有效地发现海量的财政相关数据的内在联系，通过这种联系，我们能发现一些规律，这些规律可以作为财政数字化平台研究的有效支撑。

2.3 财政数字化转型建设内容分析

财政数字化平台结合国内对财政数据业务的综合性实际需求，以云平台结构设计和规划整个平台，对各类资源（包括财政项目与业务系统产生的数据）进行数据整合，进而建设起功能完备的数据中心，借助数据中心高效的数据挖掘与关联分析功能，对各项财政数据进行处理，并对核心信息采取碎片化加工的方式进行信息提取，分多个阶段搭建起国内关于财政数据领域比较权威的数据库研究平台，从而为科研和项目管理提供有效的信息和服务，并为国内各个企业与项目提供决策支持。

财政数字化平台的需求，概括地说就是要设计一个财政大数据管理决策平台，建设若干条数据搜集通道，形成一个全面的财政数据库，利用强有力的全网搜索引擎和强大的模板分析工具，产出一系列的数据分析及统计成果。

简单而言，在这个数据管理决策平台上，进行注册登记后，可登录进行权限分配与管理，查询搜索当前最精准的各个省市，甚至百强县的财政数据动态信息并生成报告提供无偿下载。

总之，财政数字化平台全面运行之后，可以吸收大量的政府部门、社会资本、金融机构、科研院所等用户，通过财政数字化平台，用户可以个性化检索出需要的财政相关数据、资料，供研究与决策。

用户可以了解到全国关于财政的相关运行、监控、考核等信息，保证了财政数据与项目研究的先进性与前沿性。同时财政数字化平台也是一个供行业交流沟通的平台，用户可以通过论坛等方式讨论与研究，也许可以碰撞出意想不到的火花。用户可以通过本平台实现调研与互动，以提高活跃度与积极性。平台也是财政数据成果发布的平台，不只是发布各自省市县的财政数据和统计结果，也可以发布参与的重大研究课题和高质量研究成果。

总之，平台要实现在财政数据行业的专业性、权威性、先进性。通过行业参与和互动，可以有效帮助用户产出研究成果。平台不仅要成为国内领先的财政数字化门户网站，也要成为国际认可的权威财政数字化门户网站。

2.3.1 全方位的数据采集渠道

通过对财政系统中预算编审、预算执行、财务核算、预算决算等各个环节的数据进行及时录取，另外在数据存储前将各个系统中相同的业务要素标准化、数据结构一致化，保证数据采集存储的高效执行。集中后的数据应当采取面向对象数据组织方式，在较高层次上统一刻画各个分析对象所涉及的各项数据以及数据之间的联系，为综合业务应用和决策提供支撑。在数据的采集存储过程中，数据的存在形式发生了本质的变化，便于后续的数据监控以及数据挖掘等工作，提高数据利用效率。

2.3.2 资产化的数据中台建设

集中在一起的财政数据无疑会成为一项重要资产，进而影响政府后期的一系列决策，因而对这些资源进行有效管理、有序使用显然是一项重要职能，资产化的数据中台建设便是不可或缺的。数据中台的职能主要是，对数据进行统一化的处理将其转化为标准数据以便后续存储，进而将数据聚集以生成大数据的资产层，为后续的实践活动提供有效的助力。鉴于这些数据大多数源于政府业务操作，与政府财政行为具有高度联系，因此该操作能够有效减少相关工作的重复进行、合理削减协作成本，同时也能充分塑造政府数字化办公的优势。

2.3.3 动态性的财政展示报表

政府财务报告的基础报表包括经济运行报告、财政收支、精准扶贫报告等,我国现有《编制方法》《综合指南》和《部门指南》中将国民生产总值、民生就业信息、财政收支结余与预算结余差异表等作为政府财务报告的基础报表。通过建立财政数字化平台,能够及时更新各项财政数据,同时将各项基础报表以更加直观的图像化方式进行展示。动态的报表展示不仅能够更便捷、更迅速地查询和阅读数据,而且可以通过设置各种参数过滤条件对数据进行精准筛选。以上优势使得动态的财政展示报表可以有效免除重复低效的报表制作流程,进而促使相关人员能够借助动态数据进行主动的决策分析,以充分解放工作效率、极大提升决策合理性。

2.3.4 智能化的财政服务应用

基于大智移云的技术,传统的财政服务应用也能够走向智能化,进而满足用户更多的使用需求。可以借助财政数据平台的数据优势,及时了解全国各地财政收支等相关数据;亦可以借助财政数据平台的动态报表,科学预测各项财政活动影响,做到节约成本、规避风险;同时还能借助财政数据平台完备的财政数据库,对相关的经济运行、社会就业、税务改革、精准扶贫等数据进行查询与下载,促进财政领域的学术研究。智能化的财政数据平台拥有相较以往不可比拟的平台优势,提供更加全面高效的财政相关服务,以上优势不仅能够满足使用人员的相关需求进而提升相关专业素养,同时也能推动财政学术领域的积极发展。

3

财政数字化转型研究综述

3.1 财政数字化转型研究综述

3.1.1 财政的内涵与外延研究

财政是国家或者政府机构的收支活动,即政府为了实现某种职能的特定需要,以实物或货币的形式,针对部分国民收入而进行的收入分配行为。由此可见,财政可以分为四个主要部分,即财政的主体、客体、目标以及形式。我国是社会主义国家,因此财政也是立足于社会主义制度和生产关系的基础之上,财政是属于广大人民的财政,而财政作为政府实现各经济时期发展目标的重要手段与工具,更应该保持独立自主、自力更生的特性。自新中国成立以来,对于中国的经济增长与社会发展,国家财政一直扮演着不可替代的角色。为解决一直困扰中国的贫困落后难题,政府应当重视利用财政作用,积极进行财政的分配、监督与调节,进而巩固立足于社会主义公有制的经济基础,以推动国民经济的良性发展,促进人民在物质文化方面的生活水平获得持续改善，并借助财政体制改革顺势而为发展各相关领域的体制改革，以保证社会主义制度的先进性，实现其自我完善与发展。

2013年，习近平总书记首次提出了经济社会发展面临的"新常态"，现代财政理论应运而生。主要包括以下主要内容：

财政包容性增长思想，即建立现代财政制度的思想基础，要求国家不能仅关注发展成果的再分配，还要保障发展机会的创造，争取使每一个普通大众都能够获得公平的发展机会，通过自己的努力来获取发展成果。政府利用财政收入进行转移支付的分享，实现收入的再分配，是要为民众营造一种公平的发展环境，在保护市场机制的前提下提供必要的公共服务，在解决就业和提升人民幸福感方面发挥政府的作用，实现财政建设的可持续性。

由习近平主席提出的"一带一路"倡议成为我国在21世纪重要的对外开放构想和倡议之后，"大国财政"逐渐成为财税学者关注的焦点。大国财政要求我国的财政制度建设应增强集中性和可持续性。财政的集中性能够保证中央政府获取财政资源的同时在全国各地合理进行资源的配置，实现区域间经济发展的公平性；财政集中性的另一层含义是要让目前分散的财政功能重回财政部门，真正使得财政在推进国家治理能力现代化的进程中发挥作用。财政的可持续性则是指要在包容性增长的思想指导下，保障经济发展结果的普惠性和经济发展机会的公平性，使得每个人都能够公平发展。这就要求我国企业要更加积极地"走出去"，政府要以开放的态度开展国际交流合作，通过结合国际税收协定网络来充分支持外向型经济的发展，增强中国在国际经济活动中的财税主权和财税话语权。

3.1.2 财政的数字化转型现状研究

在大智移云背景下，完善社会治理水平、提高政府监管能力、优化政府服务水平已经成为趋势。财政部门也为此需要在公共部门的管理上建立起扁平化的机制，以推动在权力运行方面的共享机制，以"还权于民，还权于社会"为目标达到社会治理的善治。

作为数据资源较为密集的管理部门，财政部门的活动一直与财政数据密不可分，因此相关数据一直是财政实践活动的重要元素与基础。目前，国内对于财政数据的应用还不成熟，发展比较缓慢，这与各部门对于财政数字化

的重视程度大相径庭有关,而这一现象的关键在于,对于财政大数据至关重要的有效数据难以获取,具体表现为:

数据不够集中。数据难以集中是财政系统的普遍现象,主要表现在财政数据分散存储在各个应用系统之中,业务标准不统一,数据结构不统一,大量的数据无法直接共享。

数据不够细化。业务部门的同志常常会遇到领导要几张报表,因为系统无法提供,只好让各个单位人工上报数据,既费时费力,也可能不准确,结果有些部门还嘲笑财政是"守着数据金山的乞丐"。表面上看,这是因为系统中的数据还不够细化,不能按照需要生成各类报表。更深层级上讲,是因为很多系统中只记录结果数据,而没有过程数据,造成细节的缺失。

数据外延不够宽。财政数据分析仅仅关注预算、执行等具体问题还不够,一定要有更宏观的视野,才能与财政职能相对应。因此,财政数据要融通财、税、经济、社会等多维信息,只有这样才能建立起相对完善的数据集市或仓库,才能更好地发挥财政在经济范畴和政治范畴的双重作用。进一步说明的话,需要将财政部门与其他相关单位的各种数据资源进行科学互联、有机共享,包括政府收支预算、资产负债表等财政信息与审计部门、海关部门、教育部门等各单位的相关数据。然而,当前财政数据共享程度低下仍是常见问题,难以做到与其他机构的数据资源共享互联,进而限制了财政数字化转型的深度与广度。

3.1.3 大智移云的内涵与外延研究

大智移云是指综合先进的云计算、大数据、物联网等信息技术,再辅以移动互联网和人工智能从而产生的涵盖最先进信息、产业的技术。在大智移云的推动下,互联网领域持续催生新事物,不论是技术上的进步,还是管理上的改善,都接踵而来,各领域部门之间的管理差距也随之减小,其产生的溢出作用、带动作用以及渗透作用积极影响着我国的经济增长与社会发展。近几年,以大智移云为依托的产业升级、企业转型以及技术创新等实践活动应接不暇,将我国信息产业的成长带入全新的发展阶段。同时,大智移云对于财政方面也产生了无可替代的影响和作用,冲击了当前传统的财政业务流程和组织架构,其应用甚至能够对当前的财政工作现状产生颠覆性的影响。

最近几年，大智移云与各行各业各个领域的融合愈发明显，不断影响整个社会的发展，促进了经济的良性增长，改善了国民的生活，主要体现在以下方面：

当前大智移云逐渐渗透到各行各业，政府也逐渐重视起大智移云的技术，发展财政信息化已经成为提高政府财政管理水平的重要途径，通过信息化手段使得财政管控迸发出数据共享以及财政信息崭新优势。随着数据信息化技术的应用，财政部门和其余部门形成有效的信息共享，完成政府内部信息的互通，充分建立跨部门跨业务的财政信息共享平台，能够利用财政管理系统进行数据获取与数据报表展示等工作，可以在网络平台上对财政项目在实施前进行可行性与效益审核，在实施过程中进行成本管理与控制，有效完成政府部门的财政管控模式优化。另外，财政数字化平台的成功搭建，能够有效促进政府财政相关数据资源的整合，进而对财政工作的业务流程进行优化处理，形成便捷、成熟的财政信息管理系统。

利用大智移云的技术，财政数字化发展得到了极大促进，财政信息基础设施建设得到发展。通过建立财政信息资源共享交换平台，加强了财政数据资源的采集、整合、集成、共享及可视化，同时促进了电子政务的发展，依托阿里巴巴、京东等第三方电商平台，或通过建设特色电子政务平台，为政府部门提供技术服务，鼓励财政信息共享。甚至能够基于财政大数据分析，采用人工智能和数据挖掘技术，对财政大数据进行分析，实现财政管理决策、经济运行预测等精准服务。

另外，大智移云也极大促进了政府部门财政的管理、监控和决策的信息化水平，财政互联网基础设施建设发展迅速，特别是对于部分区域互联网基础设施的建设起到了推动作用，对于光纤搭建、移动通信网络以及局域网的部署均起到了积极的促进作用，大大提高了网络带宽水平，政府宽带的接入能力也获得了极大提升，各部门之间的信息共享机制与业务协同操作也有所加强。促进政府部门应用系统"云上部署"，加强工业物联网建设，实现数据资源的采集和整合，促进财政管理部门间管理链上的研发、设计、管理和服务的无缝合作和综合集成，发挥优秀部门的示范带动作用。加快建设电子政务平台的步伐，整合各部门的数据资源，为政府提供准确的、实时的数据，对工业大数据进行分析，为政府制定决策提供服务。

3.1.4 大数据在财政数字化转型的应用

作为当前社会生产力发展的最新产物,大数据技术逐渐成为财政监管与改革创新的有效工具。具体而言,大数据手段究竟能够产生多大的作用与成效,关键在于各行业关于大数据技术的使用方式与结合程度。而对于财政治理体系的优化和能力的提高而言,关键在于结合流程、信息与人员三大部分,即充分利用"制度+大数据"进行管理。

针对大量财政信息资源进行的数据挖掘活动,财政信息碎片化的难题也能迎刃而解,同时财政业务流程能够实现改善,进而优化财政治理能力,提高财政办公效率。

财政数字化平台的建设对于财政业务流程的改善具有推动作用,同时两者也存在积极的正向反馈机制。根据目前大数据技术的应用状况分析,财政数字化转型主要有四个核心内容:首先是在全国范围内实现数据的标准化,即财政数字平台能够覆盖全国多个不同的部门,针对不同数据采取统一标准的形式进行管理,实时掌握全国范围内不同企业、政府等预算主体的初始财政信息,以巩固现代财政治理的数据可靠程度;其次加快各类财政相关信息互联共享,整合政府财政数据,及时上传户籍、就业、保险、机动车以及存款等各类数据,以供财政实践活动使用,进而提升数据分析准确性,有效规避财政活动的人为失误,最大程度减少不正当支付行为的产生;另外,积极推进财政领域的数据挖掘应用以及相应的决策优化,实现财政数据变化的动态显示,建立起成熟的多层次、跨系统的财政数据分析机制,以提高后续财政收支预测、绩效评价以及财政管理决策等业务活动的合理性与科学性;最后,财政业务相关的信息查询服务应当更加智能灵活,数据共享不仅是对财政部门,同时也能做到面向社会面向居民的公开化,以确保财政部门的实践活动在社会监督下有序进行,同时也能做到"取之于民而用之于民"推动社会健康发展。

3.1.5 人工智能在财政数字化转型的应用

由于财政数据资源中心汇聚所有财政信息源的数据,需要面向不同的业务、管理、服务进行分类处理,形成相应的数据集,再通过统一的财政数字化展示平台对外提供服务，因此人工智能技术的应用无疑会对整个财政数据处理流程产生较大的积极效果。详细地说，人工智能首先实现了"财政数据的资源化"，即设定数据资源管理的最小单位是搜集到的众多数据元素，根据具体需求将数据合并为面向对应业务的特殊数据集，进而借助于数据资源管理的技术将数据元素与合并后的数据集进行处理以实现财政数据信息的资源化；另外，人工智能的应用也推动了"财政资源的体系化"，即将已经形成的财政数据资源进行规划和设计处理，形成元数据体系，以此为指导推动数据的综合应用、信息服务、数据推送等业务操作流程的优化，进而完善财政数据的资源应用体系。总而言之，财政数据中心的搭建应当以"对内集约共享，对外统一服务"为主旨，从而推动"实践活动产生数据、活动数据驱动资源"的持久发展，促进财政活动智能化方向的发展。

在财政数字化转型中，深化财政改革，促进管理创新，实现决策支持精准化，智能化同样不可或缺，智能化创新也正在成为驱动财政改革发展的引擎。

3.1.6 移动互联网在财政数字化转型的应用

移动互联网技术在财政数字化转型中的作用不可忽视，目前开展的移动办公建设在一定程度上提升了财政部门的办公效率，实现财政部门和其他各部门的信息互通，为社会公众提供了便利的信息化服务手段。

首先，运用移动办公建设全局性财政，从目前发展的整体现状来看，移动互联网技术的应用实现了财政管理的高效运转与业务协同，积极建设全局性财政，移动办公成为财政信息化发展的趋势。在构建移动财政的过程中，需要注重基础数据资源与硬件资源的建设与集成，管理层面的统筹规划与高效协作，服务层面的"一站式"无缝整合已经成为建设全局性财政的必然要求。

其次，政府数据对外开放对内共享正在逐步兴起。根据党中央和国务院制定的战略、政策和条例，探索建立大数据应用和开放的数据门户，并逐渐向社会及公众开放免费的可机读数据集，鼓励开发商基于数据集开发应用程序以促进全社会的创新，同时在政府的各组成部门之间消除"数据孤岛"，促进数据共享互用。

3.1.7 云技术在财政数字化转型的应用

通过云计算基础平台支撑整个应用的运行和管理，可以实现对网络、存储和计算资源的高效利用，同时也能提供更为统一、灵活的资源调配管理。首先基于分布式体系框架重构财政业务系统，运用分布式的计算规则、批量文件存储、数据库存储特点与服务器内存缓存等前沿技术，以全面提升财政数字化转型平台运行性能。其次业务系统底层采用分布式数据存储，按功能、时间或组合单独建立的数据库；中间层建立分布式数据群与数据处理中心，将大幅提升数据访问与处理的效率。最后业务系统前后台数据分离，前台负责支撑高效便捷的业务办理，构建财政业务操作一体化；后台负责支撑综合有效的监督管理和决策，构建信息管理一体化，将有效提高查询响应速度。

另外，云技术有利于查找网络和信息系统的安全漏洞和风险隐患，对信息系统网络进行升级改造与安全加固，提高财政数字化系统安全系数。

3.1.8 大智移云对财政数字化转型的影响

随着信息技术的普遍应用，大数据、智能化、移动互联网和云计算等各类信息技术不断相互交融，对人们的生活产生了变革性的影响，同时推进着新一轮产业变革，极大增强了信息技术和信息系统在公共部门改革中的重要作用。在大智移云背景下，完善社会治理格局、提高政府服务水平、优化部门监管能力已经成为大势所趋。公共部门的管理机制仍旧应当朝扁平化方向发展，财政部门应当积极推动相关数据的共享进程，将相应的权利返还于人民大众，实现财政治理的善治。政府财政数据是大数据中重要的组成部分，不仅是国家治理的工具，同时也应当成为国家治理的对象。政府财政数据治理是其数据价值发挥的前提和基础，规范的数据管理可以提高决策质量，提高政府绩效，进而促进政府治理能力的提升。政府财政数据治理直接影响到经济形势判断和财政政策制定，间接影响货币发行和政府公信力建立。

十九大报告提到，目前财政方面需要建立起"全面规范透明、标准科学、约束有力"的财政预算制度。中央和地方各级财政部门坚持长期面向社会公开"晒账本"，公开的账本数据之完整、分类之直观、内容之丰富、细节之透明，前所未有，彰显了政府打造"透明财政"的力度和决心。大智移云背景下，构建集预算管理、预算执行、会计核算和大数据中心为一体的"财政数据治理"平台，有助于实现预算单位财政资金来源和使用情况的公开，接受社会公众的监督，对强化政府受托责任、建设廉洁透明政府、提高政府治理绩效方面大有裨益。

另外，借助财政数字化平台，对照绩效评价、经济责任审计等管理规定，深度挖掘并充分利用财政数据，计算分析财政资金的使用效率，评估其使用成效，特别是针对财政资金的经济作用、作用效率以及最终效果采取客观评价，可以有效制约和监督经济决策，加强政府相关部门的责任意识建设，改善党政机关的工作作风，强化反腐倡廉工作力度，提高财政资金的转化效益。

"深化税收体制改革，健全地方税收体系"这一改革目标在党的十九大报告中得到了着重强调。大智移云背景下，建立一套多层次、全覆盖针对政府税收征管需求的政府综合治税平台（即各涉税部门之间的信息共享交流平台），把已有的、分散存储在各业务系统中的数据进行整合。比如，以税务、工商和质监等部门已有的基础信息为主题，构建一个信息数据库，通过比对分析涉税数据，实现信息比对、管理监控、结果分析和绩效考核。

大智移云背景下，构建全国宏观经济监测预测系统，通过分析和利用财政数据，对经济运行、宏观经济、财政政策、宏观景气指数、投入产出及社会经济动态变化等进行预测，是政府研究当前国内外经济动态、出台宏观经济政策、调整经济结构、检验经济社会发展质量的可靠依据。

就技术领域而言，大智移云技术引入为财政数字化平台的建设做出了不可磨灭的贡献，具体体现在以下几个方面：

3.1.8.1 数据采集广度提升

数据分析的机制是立足于实践活动所产生的数据，以具体的业务问题为对象，将实践逻辑转变为数字逻辑的形式，进而根据具体的业务要求稳定地输出数据分析结果以供后续的业务决策使用。因此数据内容的全面是后续数据分析科学有效的必要保证，数据采集工作的重要性不容忽视。对于传统的数据采集手段，财政管理相关数据的数据量大、范围广、时效强、复杂程度高等特点就意味着数据采集工作需要更加高效有力的技术提供支持。在大智移云的时代，随着大数据集成、存储、计算、分析、提取、应用的成本不断降低、能力不断增强，能够通过相关的数据共享平台甚至专用 APP，获得广泛的数据资源，并且随着移动互联网的发展，众多财政数据不论是结构化还是非结构化，都能通过相关技术进行准确追踪及时获取，之后通过分布式处理的方式对所有数据进行存储。借助于大智移云的优势，数据采集广度获得了极大提升，能够即时掌握全国范围内各企业、部门乃至个人的基础财政数据，甚至推动政府信息全部联网，整合户籍、机动车、就业、保险、住房、存款、证券等各类数据，从而夯实现代财政治理的信息基础，确保数据采集广度的合理性。

3.1.8.2 数据采集实时性提高

财政活动在国民生活中属于日常活动，每时每刻都在发生，影响着全国 14 亿人的日常生活，对我国经济、政治各领域的影响都是瞬息万变的，财政活动无时不在产生数据。传统的财政数据采集方式并不能对每天的财政活动进行及时响应，不能满足数据采集实时性的高标准高要求，而大智移云技术的应用则完美地解决了数据采集及时性这一难题。通过大数据分布式的计算平台，能够对每日海量的财政数据进行及时处理，实时捕捉财政活动的动作流数据，可以针对不同的数据源类型和格式，提供多种数据抽取方式与之适配，并且能够做到系统自动识别与解析，这不仅大大减少了财政工作人员日常冗余工作的数量，同时也极大地提高了数据采集的速度与准确性。

3.1.8.3 数据存储量扩大

财政决策活动所需要的数据资源，往往是依托于物联网、社会化网络、互联网等多种媒介，利用对应的云财务平台，从工商部门、企业、财务部门、税务部门、银行事务所等相关财政决策行为主体处搜集，包括但不局限于财政活动相关的企业纳税信息、企业会计记录以及政府监管记录等数据，因此财政数据不仅涉及种类繁多而且数量极大。大智移云的出现，无疑为繁冗的数据存储工作提供了巨大的便利，首先对众多统计标准不一致的数据进行了统一整理，构建起统一标准、统一平台、统一格式的数据存储机制，确保了数据格式的一致性；其次，分布式数据库的应用可以使得原本集中存储的数据资源利用互联网优势进行数据资源的分散存储，进而提高数据存储的总量以及并发访问的承受能力，大大提高财政数据存储的数量，一方面把过去分散存储在各业务系统中的数据进行整合,另一方面对每天新增的数据进行更新,满足当前上万亿级别数据存储的需求。

3.1.8.4 数据挖掘支持财政决策

通过对财政数据进行分析和利用,可以实现经济运行、宏观经济、财政政策、宏观景气指数、投入产出及社会经济动态变化的科学预测,这也是政府研究当前国内外经济动态、出台宏观经济政策、调整经济结构、检验经济社会发展质量的可靠依据。而财政数据不论是种类还是数量都异常繁多,通过传统的统计方式在冗余的财政数据中很难获得有效的信息,往往导致财政数据的分析结果不足以支撑决策的有效性。

数据挖掘的优势在于能够从众多不完全的、模糊的、有噪声的、随机应用数据之中,准确获取事先未知的隐藏信息以供后续的数据分析使用。基于大智移云,能够通过大数据技术对各类数据之间的关系进行分析,并挖掘出数据背后未知的巨大数据价值。借助于数据挖掘的优势,即便面临再多的财政数据库也能准确找到关联的预测信息,曾经需要耗费大量人力的分析活动,在数据挖掘的助力之下也可以使得数据难题迅速解决,高效地获取数据结论、提高相关政策指定的准确性与合理性。另外,数据挖掘也能发现数据之间隐藏的关联关系,寻找出各种指标之间的隐藏关联网络,实现多层次、跨系统、跨级次、跨年度的财政数据综合分析,促进决策合理性。最后,在数据库之中也经常会出现一些关于财政数据的异常记录,如一些数据特例、反常实例乃至预测结果出现较大偏差等,而数据挖掘的出现则能够恰当地解决好这些问题,及时避免偏差导致的错误,大大减少财政决策制定受数据误导的可能性。

3.1.8.5 数据展示财政报表

大智移云技术的引入,使得财政数据不再局限于以传统的表格形式呈现,而能够通过更加多样化且直观的方式向用户呈现数据,充分展现数据的变化趋势、整体特征、结构差异等特点。同时数字化平台中的数据展示,不再仅仅局限于传统意义上统计或实验报表对规范性和精确性的注重,更加注重用户体验,利用交互式的用户界面、神经网络图像处理以及虚拟现实的计算机视觉等技术,借助数学建模以及对表面、立体以及动画的显示,进行财政数据的可视化处理,利用图像化的形式将财政数据进行全面的展示,使用户能够从不同维度出发以观察目标数据，方便其后对数据的进一步分析，这样不仅保证了数据特征在展示的过程中不会失帧，同时也使数据显示页面更加直观明了。其次，数据展示平台在实现友好的交互体验的前提下，也支持数据的特定检索，使数据展示界面能够根据具体的筛选条件及时展示用户需要的特定数据。另外，在用户进行报表数据浏览的同时，数据平台也会对设定中出现的疑惑数据和异常操作进行警告和通知，大大提高了展示数据的准确性和数据操作的合理性。综上，财政数字化平台的报表展示将成为用户进行财政数据分析的一大助力工具。

3.1.8.6 数据共享云

鉴于财政数据类型多种多样，数据来源包括企业、税务部门、财务部门、银行等各机构，其数据应用涉及财政部门的执行、管理、监督、预算等各个流程，各财政管理部门也不定期需要特定的财政相关数据，这就需要财政系统对于使用人员的数据请求具有较快的反应，而传统的财政系统显著的缺陷之一就是数据难以集中，政府部门各系统的数据接口不开放不共享，缺少关于财政信息化建设的顶层设计，导致各项财政数据冗余，产生了彼此独立的"财政数据孤岛"，大量的数据无法直接共享。基于大智移云的技术，数据共享不再是难题，可以通过特征工程分析技术，对于财政相关指标进行自动筛选，从而形成财政特征库进行财政数据的分类。然后，针对具体的用户权限和数据类型，在保障数据安全性的前提下，根据具体用户、具体场景的数据需求，设定特定的共享数据资源。同时，对海量的财政数据提供全面高效的数据检索功能，使得相应权限的用户可以通过关键字查询、引导查询、批量查询、自定义查询等多种查询方式获得目标数据，极大提高财政数字化平台的数据共享能力。

3.2 大智移云在财政数字化转型的问题综述

3.2.1 宏观层面

3.2.1.1 对财政数字化认识有待提高

大智移云背景下，传统的财政数据已经不能满足现代社会发展需求，由于对财政数字化认识不足,导致财政部门不能很好运用业务数据。在大智移云的推动下,财政相关部门的工作人员逐渐迈入财政数字化转型的大门,但关于财政信息化的认知仍停留在初始阶段,财政思维仍与传统的财政观念相差无几,对于大数据的认知也还有待提高。传统思维始终坚持"以账为本、以账为凭"的思路,认为财政工作的要求只是基本的财政电子账单与系统操作的,这种思绪的停滞也导致了财政各相关单位之间工作人员业务流程的孤立,各项资金账单不能及时共享互联,财政相关工作开展缓慢。另外,鉴于财政人员缺乏相应的数据分析技能,对这些大量数据不能进行充分有效的利用,尤其在面对数量众多、种类繁多的财政数据如社保、税务等数据时,由于缺乏先进的数据分析技术,只能使用传统的手工办公形式,因此财政相关实践活动往往效率不高,财政预算不够精确,具体分工有待提高。

众所周知,财政数字化的转型任重而道远,在具体的转型过程中牵涉内容较多,对于相应的财政政策以及数字系统和平台搭建技术都有较高的要求,这也就要求相关部门的工作人员需及时转换办公理念,及时吸收财政数字化转型的最新观念,始终把财政信息化建设放在首要位置,将财政信息化作为提升财政效率和质量的重要发展目标,作为战略性工程来建设,谋求长远推进,以保障财政部门能够取得更好的发展。这就要求财政部门的相关人员不能束缚于传统的财政数据办公模式上,应当以更加长远的视角审视大智移云与财政信息化之间的关系,即转换财政办公观念,积极采集财政业务数据,加快数据共享进程,在数据分析的过程中发现存在的问题,以数据为凭证,充分发挥数据的作用,应用信息化技术来弥补传统财政信息预算及分析的缺陷。

3.2.1.2 财政信息化创新性应用力度不足

伴随着大数据人工智能等信息技术的快速发展,各行各业的信息化创新优势也在不断凸显,但仍旧不够完善,就财政数字化转型的工作而言,当前仍存在区域财政数据无法共享的问题,这也制约了后续的财政支出预算以及绩效评价的工作,整个财政数字化转型的进程仍比较缓慢,缺乏相应的财政信息化方面的创新。因此,为保证财政数字化转型的有序进行,先进的信息技术辅助是不可或缺的,财政业务也能将其结合于实际办公需求,以推进财政信息化的创新发展,进而保证财转型的成功。

财政数字化平台的建立对于技术的需求也是非常迫切的，从最基本的数据元素出发，利用数据关联关系对数据进行处理，生成数据集以便数据的存储与利用。在财政数字化平台之上，大数据拥有的大容量、易存储等功能可以获得充分利用，将大量采集的原始数据进行标准化处理，以便工作人员直接获得真实数据并应用于财政办公中，推动数据绑定面向任务的灵活化发展，最终实现更加便捷高效的数据应用。在财政数字化平台的基础上，财政业务流程与相应的财政数据能够相互融合，进而实现不同区域、不同部门之间的数据共享与协同办公，使得财政数据能够迸发出最大的价值。在财政数字化平台的基础上，财政数据能够实现实时的并行计算以及大规模的机器学习计算，从而发展为自主智能，积极推动智慧财政的良性发展。

3.2.1.3 缺乏财政信息化人才

大智移云的时代下，各地方财政部门的当务之急就是加快财务信息化领域的人才培养，一方面是信息化技术的高速发展与普及，另一方面则是财政部门专业人才的缺乏，两者之间的鲜明差距严重影响了财政部门的办公效率和实践活动。应用大数据信息不仅需要懂得计算机和网络，还需要能够应用数据库和懂得财政预算的综合性人才，但当前财政部门急缺财政信息化方面的专业人才这一困境仍旧不能得到充分解决。数据仓库包含采集数据、统计数据、储存数据、处理数据、分析和展现等众多计算机应用领域。与传统的数据分析和计量经济原理相比，先进的数据挖掘技术在这些理论的基础上需要包括分析与判别等更多领域的专业技术，因此对于财政信息化领域人才的培养是一个较为宏大的工程。就现在的情况而言，财政部门存在大量的中年偏老年工作人员，这些业务人员对于传统的财政办公流程较为熟练，但缺乏相应的计算机操作能力，对于当前先进的数据管理知识难以接受，无法利用计算机进行高效的财政办公，降低了财政办公的效率。

为确保财政信息化工作的有效展开，财政部门的首要目标则是对财政办公人员着重培养信息技术应用方面的能力，确保财政干部对于数据采集的意识有所提高，对于数据管理的意识有所增强，对于数据利用的手段有所改进，促使财政干部从数据出发，改进管理、推动创新，进而提高财政办公效率。财政信息化领域的专业人才在财政数字化转型的进程中需要扮演中流砥柱的角色，这也因此需要同时掌握财政业务知识以及相应的信息化技术，财政部门中信息化的复合型人才的培养则显得至关重要，财政干部中信息化人才的培养对于财政信息化建设具有积极的推动作用。所以，财政部门应当尽可能多地组织相应的技能培养活动以提升财政工作人员的职业技能水平；同时，人才培养过程中应注重灵活的方式，通过安排挂职锻炼、前往高校进修等方式，以培养业务知识广、技能成熟的全面复合型人才。在当前大智移云的时代下，财政部门需要根据信息化技术，结合现代财政理论转变财政业务的具体流程，并及时上传相关数据以供财政信息的分享，以便借助数字化平台进行全面的数据加工和分析处理，推动政府的财政信息化建设。综上所述，着重强调财政信息化人才的培养工作，不仅可以充分推进我国财政数字化建设的工作，也能借助财政信息化促进我国财政改革的创新。

3.2.2 中观层面

3.2.2.1 缺乏财政大数据标准

关于财政信息化的数据建设缺乏统一的标准，而财政相关数据却牵涉甚广，包括财政业务部门以及其他非财政的相关部门的数据资源，虽然有关财政数据的标准在财政数字化转型的过程中正在逐渐建立实施，但对于横跨多部门多层级的数据资源管理仍缺少成熟的数据标准，因此对于财政相关数据的存储与分析应用会产生一定的消极作用。鉴于财政部门与其他相关部门关于财政方面的实践活动在随着时代变化而不断改善，因此也不可避免地出现财政数据与其他相关数据统计标准的变化，针对这种情况，究竟该以怎样的数据规范对不同来源的财政相关数据进行数据的存储与分析处理，一直是财政信息化的关键难题。

财政大数据涉及一级政府所有预算单位，涉及使用财政资金的所有项目，数据覆盖范围广、精确度要求高，这也要求财政数据的标准建设应当立足于涵盖多个行业领域、面向不同数据类型、持续动态更新等现实需求，以积极推动财政数字化平台中的信息共享、资源互通、网络交互为目标，为财政现代化建设奠定扎实的数据基础。因此，在确定财政数据标准的同时，关于基础数据的操作规范也是不可或缺的。元数据一般产生于财政部门内部的实践活动，而这些数据的具体定义、数据来源等信息都应该做到尽量详细；而利用元数据加工处理后的数据资源，则应当明确对应数据的具体含义、处理方式以及数据源头等信息。针对财政部门业务流程产生的数据资源进行规范化处理，使相应的财政数据能够分享至其他财政数字平台，以便进行财政活动各项相关业务的对比分析，充分发挥财政信息的数据价值。对非财政部门产生的数据，重点要从支持财政业务的角度考虑数据标准，需要考虑到财政业务需求的数据粒度。如财政支出绩效评价工作，需要搜集财政支出项目的具体业务数据，以满足财政资金绩效评价规定和评价指标的数据需求。

3.2.2.2　不能有效利用财政信息

大智移云时代的来临，使传统的财政业务面临全新的变革，财政工作迫切需要结合大智移云的技术优势，以全新的数据分析模型充分利用已有的财政数据资源。当前财政数字平台尚未搭建的情况在各级地方政府仍是常见现象，财政相关数据的存储较为分散无序导致数据利用率低下。同时，关于财政数据进行数据分析的相关模型也各具特色不够统一，并且分布在各财政主体中缺少统一的标准，也阻碍了数据的互联与共享。这类模型常具有非常强大的数据挖掘能力，但通用性较差，不能在财政数据分析中广泛且深入地使用，从而对此类模型在财政数据分析中的应用与共享造成负面影响，消耗了财政资源。

在大数据背景下，财政部门信息化建设需要以信息平台为载体，搜集和储存数据。财政数字化平台的主要作用是作为财政数据集中地进行相关数据的存储，同时借助于相应的财政数据模型算法，对目标数据进行数据挖掘与分析，找出其中存在的问题和线索加以明确，还能将目前较为成熟的数据模型和数据方法应用在数据信息平台上，形成共享数据模块，并且可以展示的界面能够显示数据之间的联系，以方便其他财政人员了解和使用分析后的结果。首先，通过建设财政信息化平台不仅可以将人社、税务和公积金等数据在信息平台中进行整合，还能将往年的财政预算和部门预算进行数据整合，为分析财政数据提供保障。建设数据平台需要较强的技术能力，地方财政部门可以通过聘请或招标等方式邀请专业技术人员。其次，财务部门还可以尝试使用联网财政，通过建设财政、银行和税务等联网功能，以方便共享财政平台，建设完善的财务可控机制，将财政方式由事后财政转变为事前财政和事中财政，由静态财政转变为动态财政，由现场财政转变为远程财政。

3.2.3 技术层面

（1）大数据利用效率提高面临阻碍。其一，数据类型繁多。财政的大数据种类包括音频、视频、图片、地理位置等信息，数据格式的标准不一致、尺度不统一，导致政府对财政数据的利用效率良莠不齐。其二，数据价值密度低。在海量数据中仅有小部分是有价值的，对巨量信息的价值进行精准"提纯"，既需要更先进的技术，也需要配备专业胜任人才，相应地会提高运营成本。其三，数据存储量大。传统的 MySQL 与 Oracle 数据无法实现完整信息的实时保存，并且大批量的数据对数据运行提出新的要求。

（2）智能化对财政需求个性化满足不够。其一，智能化设备未能充分利用。财政部门尚未摆脱传统的服务目标，为所有财政报表提供同质化的服务，忽视财政的差异化需求。其二，介于服务与成本之间的两大优势逐渐显露失衡趋势，财政办公对于数据服务的需求愈发多样、不统一，呈现出个性化发展的趋势。

（3）移动互联网平台建设滞后。移动互联网平台建设投入大、周期长、维护成本高。不少财政移动互联网平台建设还相对滞后或运行不充分。

（4）"财政信息孤岛"现象仍然存在。由于信息的流通存在滞后现象，造成各个部门在财政工作过程中存在一部分的重复性活动，既降低了工作的效率，也导致云计算的数据基础不准确，对提高财政信息资源整合能力和共享能力的贡献有限。

3.3 大智移云于财政数字化转型的意义

3.3.1 充分挖掘财政数据的潜在价值，全面推进政府资源的重整与深入应用

在大智移云背景下，通过构建财政数字化平台，实现财政有关数据的及时采集与整合，利用有效的数据模型进行数据处理，实现相关财政活动的科学决策与实践，以加强数据治理在地方财政管理中的应用，实现财政数据的查询、共享、分析和应用，从而进一步优化预算编制及执行分析流程，将财

政管理数据应用于预算执行决策、公共财政服务、绩效考核评价以及脱贫攻坚等多个领域是推进财政数字化转型的必然要求。同时，通过多个财政管理系统实现多向交换互联，建立综合性的财政数据交换与共享平台，从而实现对公共财政资金的广覆盖、全反映和动态监控，将财政资金的运作置于阳光之下，确保资金流向对口精准，保证财政部门相关业务活动始终在制度的监管之下进行。

3.3.2 有效联结财政部门各信息孤岛，积极推进财政管理现代化转型

目前阶段由于政府各部门改革步调不一致，致使改革的广度和深度不同步，缺乏信息化建设的顶层设计，政府部门各系统的数据接口不开放、不共享，导致各项财政数据冗余，产生了彼此独立的"财政数据孤岛"。通过大智移云的技术，从预算编制到预算执行、从财政核算到财政年终决算等一系列运行过程，都会生成海量的财政数据，将这些独立的财政数据串联起来，充分挖掘其使用价值，定能起到事半功倍的作用。另外，基于财政数字化平台，能够做到动态监控预算执行过程的每个环节，密切关注每一笔资金的流向以及会计分录的产生，形成闭环的动态监督制度，充分体现监管部门对预算单位的管理和监督职能，确保预算计划的申请、预算指标的使用和审核的连续性和规范性，实现对预算执行从申请到使用的全过程监管，进而保证财政资金使用的合规和安全。

3.3.3 积极助力透明财政建设，有效提高绩效评估准确性

利用大智移云技术搭建的财政数字化平台，有助于实现预算单位财政资金来源和使用情况的公开，接受社会公众的监督，对强化政府受托责任、建设廉洁透明政府、提高政府治理绩效方面大有裨益，有助于财政部门建立起有约束力、科学标准、规范透明的财政预算收支管理制度，全面推进政府打造"透明财政"的工作。另外，借助财政数字化平台，对照绩效评价、经济责任审计等管理规定，深度挖掘并充分利用财政数据，计算分析财政资金的使用效率，评估其使用成效，特别是对财政资金的效果性、经济性和效率性进行客观的评价，可以有效制约和监督经济决策，增强政府的责任意识，监督党政机关单位改善工作作风，督促反腐倡廉工程的建设，提高财政资金

的转化效益。

3.3.4 促进财政服务智能化转型,推动财政领域学术研究

基于大智移云搭建的数字化平台,相较传统的财政服务,将会逐渐走向智能化,借助海量数据、动态报表等优势,为数据使用者提供更加有效的服务,帮助用户充分挖掘数据使用价值,是研究当前国内外经济动态、出台宏观经济政策、调整经济结构、检验经济社会发展质量的可靠依据,助力用户数据分析、政策建议以及绩效评价。同时,依托完善的财政数据资源,可以实现特定财政数据、资料的查询与下载,了解时下最新的财政运行数据、经济运行数据、财政风险数据等信息,并且通过平台上的数据接口促进用户的财政数据共享与传播,增强我国财政学术氛围建设,推动财政学术领域的积极发展。

4

财政数字化转型建设需求研究

4.1 财政数字化转型项目建设需求

财政管理经过长期的发展，工具复杂多样，每天新增数据量巨大，与财政管理相关的数据在采集、解析、存储、融合、检索、分析、可视化等方面，都存在挑战。

4.1.1 财政数据采集需求研究

数据采集存在技术障碍。目前与财政管理相关的数据总量大、范围广、时效强、复杂程度高。工具层面包括APP应用、Web网页、内部系统、外部API数据接口。数据类型主要包括结构化类型的MySQL/Oracle数据库、数据结果报表、Excel数据文件，半结构化类型的数据主要是Json格式也可称JS对象的机器日志解析文件，非结构化类型的数据主要包括不能直接处理的图片、音频、视频等。时效性方面包括实时的财政管理操作行为日志数据，半实时的财政项目监控数据，半静态的财政数据，静态的财政类型与预算信息数据。多维、多源头、高并发的数据对采集与解析提出挑战,难以保证数据的质量与完整性。

4.1.2 财政数据存储需求研究

数据存储容量大,多平台数据难融合。这是目前阻碍财政数字化转型与信息共享的主要原因。数据容量方面,大数据下财政的数据需要实现 TB 级别存储,每天 GB 级别递增,对数据存储资源提出挑战。数据融合方面,财政管理系统过多,系统之间数据库选型与数据保存格式不统一,数据难以融合并贯穿整个平台。

4.1.3 财政数据检索需求研究

数据检索维度高,响应速度慢。大数据环境下,对财政管理相关的数据检索维度变高,除了传统的关键字匹配,还需要进行模糊查找与正则匹配,检索的需求变高。由于相关数据量变大,财政数据检索效率变低,需要长时间响应检索条件,需要升级检索技术以及底层数据存储技术,实现高并发的快速检索。

4.1.4 财政数据分析需求研究

数据分析内存消耗大,分析技术门槛高。财政数字化转型应用 Hadoop 分布式架构进行高维数据实时计算,耗用了大量的实体服务器资源与空间位置。可以考虑将数据上传到云端,在云端进行保存与运算。大数据机器学习、深度挖掘、人工智能技术为数据分析提供了方法,但是使用编程类软件应用这些模型的门槛较高,可以升级为组件、模块等工具进行调用,降低分析门槛。

4.1.5 财政数据可视化需求研究

数据展示类型多、维度高。财政相关的数据维度多,不同维度的数据组合产生不同含义的统计图形。目前财政固化的数据展示不利于数据展示的拓展,增加了展示的复杂度和前端开发量,应该升级为展示工具,实现数据源与图形手动选择的展示模式,实现展示粒度的无边界拓展。另外,数据展示需求从二维拓展到多维,增加了图形下钻、交互等功能,需要更加复杂的图形框架。

4.1.6 财政数据挖掘需求研究

财政数据之间的相关性分析需要财政与业务数据的有机融合。基于财政云平台,在抽取、转换、加载与财政项目实施相关的各种数据库、Excel 等结构化类型数据,有一定格式但无法直接使用、需要按照特定规则解析才能使用的半结构化数据,没有解析规则需要复杂处理的非结构化数据,在聚合、关联形成财政数据、经济数据和业务数据等功能指标之后,通过批处理、流式计算等大数据技术以及数据分布、趋势分析、深度挖掘等手段,分析数据之间的隐含逻辑与内在联系,基于此深入探究各数据间的蕴含价值与应用场景,释放大数据的巨大能量,得出的结论可以为财政预算、财政决策提供科学合理的支撑。

4.1.7 财政数据决策支持研究

财政决策支持。财政决策支持的数据通过互联网、物联网、移动互联网、社会化网络等多种媒介,借助财政云平台,从政府部门、工商部门、税务部门、财务部门、事务所、银行等财政决策干系者获取;同时,借助大数据处理技术和方法实现对获取数据的规范化处理,并通过数据分析与数据挖掘技术提取政府财政决策相关的政府监管、纳税、就业、业务、项目等信息,然后通过智能的商业化呈现、美观综合的可视化报表发现、模糊查找与精准定位等文本分析和搜索、判别与预测联合集成的高级分析等技术支持政府各部门的各种财政决策。

4.1.8 需求总结与对比分析(见表 4 - 1、表 4 - 2)

表 4 - 1　　　　　　　　传统技术的财政管理

功能名称	传统财政管理需求	应用技术	功能描述
数据生成	将财政要素数据进行手工录入或电脑生成	Excel、企业信息系统	利用财政系统录入数据,将财政要素数据保存为关系型数据结构

续表

功能名称	传统财政管理需求	应用技术	功能描述
数据获取	实现小批量财政数据的静态获取,数据单一,数据的表现形式比较规范	Python \ C++ \ Java	利用程序从文本、Excel 中采集小批量静态的特定规则数据,人工在数据库中录入数据
数据存储	财政管理相关数据规模小,对数据库读写要求低,无太大共享需求	Mysql \ Oracle	支持较低频次的数据量读写,支持 GB 级别规则数据保存
数据分析	数据维度较低,算法简单,包括财政数据的统计、对比与预测	SPSS \ SAS \ Eviews	应用可视化的分析软件支持结构化数据的统计与预测,实时性低,数据量小
数据建模	财政业务模型或数据模型,模型逻辑是静态清晰可提取的,数据简单	统计分析、线性回归、时间序列、相关性分析	描述业务流程,用于优化业务结构;预测财政数据,用于管理与决策,描述单维度数据之间的关系
数据运算	小数据范围非实时的财政指标统计	个人电脑、服务器	实现 MB 级别数据的离线运算
数据可视化	实现财政数据的一维或者二维非动态非实时简单展示	Java GUI \ PythonGUI	实现表格、线图、柱状图、散点图等 1~2 维数据展示

表 4-2 "大智移云"技术下的财政管理

功能名称	现代财政管理需求	应用技术	功能描述
数据生成	对财政需求、财政数据特征、项目运营状况进行实时追踪	移动物联网、移动互联网、财政部门信息系统	开发应用 APP,实时获取财政数据特征信息;通过财政信息系统实时获取项目、经济、运行信息
数据获取	实现大批大量的动态数据获取,数据维度多样,存在大量的非结构化不规则数据	Spark \ Flink \ Kafka \ API(大数据)	通过数据管道(Kafka),用流式(Flink)或者批量(Spark)的采集方式获取实时数据。通过 API 获取外部数据

续表

功能名称	现代财政管理需求	应用技术	功能描述
数据存储	数据规模大，有高并发的读写需求，支持保存非结构化数据，支持高速数据检索，支持数据共享	Hadoop\Hive\Hbase\GP\云存储\分布式存储（大数据、云服务）	基于分布式大数据架构，以关系型或键值型存储TB级数据，支持高并发写入与多维检索查询。以云存储与分布式存储实现数据分权限共享
数据分析	实现与财政管理相关数据的多维非线性实时分析，供决策、监控、预警、评估使用	R\Python\Scala（大数据、人工智能）	应用程序实现机器学习、深度学习、深度挖掘、人工智能技术，支持结构化、非结构化多维实时数据的建模、训练、预测、判别、降维等分析
数据建模	财政业务流+资金流+信息流的综合模型，模型逻辑动态模糊可提取，数据多维复杂抽象	逻辑回归、决策树、K聚类、随机森林、SVN、KNN、神经网络、Bayes等	通过多维大量复杂的结构化与非结构化数据实时提取模型逻辑，包括数据解析、逻辑理解、选择模型、选择变量、设定参数、模型训练、模型评估，描述多维数据的联系
数据运算	全财政数据或多维度大批量实时数据的高效运算	分布式\大数据集群\云计算（大数据、云服务）	实现TB级别数据的实时运算
数据可视化	实现财政相关数据的多维动态实时复杂展示	Echarts\D3（大数据）	实现地图、立体图、雷达图、气泡图、热力图、堆叠图、关系图等多维数据动态实时展示

4.2 财政数字化转型建设目标研究

4.2.1 搭建财政数据实时采集、解析和存储数据框架

从财政以及与财政相关的各个系统中，利用Kafka等技术实时采集和处理每日增量为TB级的非结构化日志数据；基于Hadoop的批量文件处理

HDFS 和分布式数据处理 MapReduce 等大数据技术建立非结构化财政数据解析和存储的框架；获取满足财政分析的日志数据，并利用 Hbase 和 Hive 数据仓库提供全面、细粒度和数据质量稳定的财政数据仓库，具体功能架构如下：

（1）利用大数据分布式计算平台 Hadoop 来处理每日 TB 量级的结构化和非结构化财政收支、社会运行、经济状况、财政项目等数据，分布式的数据处理 MapReduce 程序是分布式大数据系统 Hadoop 的重要组成要素，基于 MapReduce 的分布式并行处理方式，合理且规则地把程序的任务分为 mapping 数据索引阶段和 reduce 数据并行返回阶段。开发人员为 Hadoop 编写 MapReduce 作业，并使用 HDFS 存储数据，新增日志数据格式定义后，系统自动识别并解析处理新增指令格式，不需要停机处理。

（2）利用大数据分布式计算平台 Hadoop 的 MapReduce 框架来解析每日的财政收支、社会运行、经济状况、财政项目等非结构化数据，用 MapReduce 解析程序每日定时跑以实现滚动更新，每次解析前都会加载相应的数据格式定义表，根据当前定义的数据格式来解析 hdfs 上的日志数据，该方法能够保证新增数据格式定义后，系统自动识别并解析处理新增指令格式，不需要停机处理，并最终能够保证解析后数据字段与原数据一致。

（3）Hbase 是访问量很高的数据库，底层技术建立于 HDFS 文件处理技术，目前通常用来存储没有固定格式，或者有特定格式但组织比较松散的数据，Hbase 数据库的性能非常好，在实时数据存储方面，提供高并发的、可靠性强的、实时读写的、内容可伸缩不规范的列存储方法；Hbase 的高速度主要是因为应用了主键（row key）来快速检索键值对数据，并且还可以支持不同数据单元的分权限访问。利用 Hbase 的特点，能够财政相关的数据解析生成一张很宽的表，满足实时查询的要求和快速定位到关注的财政数据特征，以及历史变化情况。

（4）Hive 是存储大量数据的关系型数据库，分布式的特性主要依赖于 Hadoop，在 Hive 中按时间进行分区，每天为一个增量分区存储 400 天的财政收支、社会运行、经济状况、财政项目等历史数据，并对 200 天的数据进行检索优化，支持海量数据的离线计算和查询响应，并支持类似 SQL 的查询功能；因此，使用 Hive 来存储解析出来的全面、明细的数据，并存储每日增量的历史财政相关数据,提供数据质量稳定的数据仓库;财政可以根据业务需求,编写一定的 SQL 语句,而不是编写复杂的 MapReduce 计算程序,便能检索出相应的数据,为财政使用和管理数据提供一种相对易用的开发接口,另外将相应的 API 集成到 Web 中,可以让管理者更方便地查询。

4.2.2 财政数据全文检索与汇总模块

(1) 对于海量财政相关数据全文检索功能采用基于 ES 的大数据搜索引擎 Solr 进行开发和实现,Solr 是高性能的大数据数据库,可以配合 Java、Spark、Python 等进行开发,基于 ES 的全文搜索服务器,可以实现多关键词的精准快速查找与模糊快速匹配。在实际应用中,我们会对其检索的条件与支持的语言进行扩展,提供更为多样的检索程序,与此同时,还可以实现检索条件动态配置、下载接口多样化扩展的功能,不断提高查询速度与准确性。Solr 还提供相应的管理模块,是一款非常优秀的全文搜索引擎,该引擎可以根据需求检索业务字段和关键词,并以关键词相似度顺序倒排,返回全部查询结果。

(2) Solr 提供日期区间等查询条件的实时数据检索,Solr 的检索运算符 [ ] 代表检索范围,如检索 2016 年 10 月至 2017 年 10 月的记录,可用 date:[201610 TO 201710] 实现检索。

(3) Solr 中有运行日志信息,通过财政检索的关键词来对财政进行标签化建立财政特征库,当财政有新的检索记录时,可以提取出检索关键词利用余弦相似度算法计算出此次的检索词与个人特征标签词的相似度,以达到分析财政数据特征的目的。

(4) Solr 自带的搜索引擎可以支持文本分析,也是其核心的功能之一,该检索可以对文本进行多步骤的计算。比如,差分词语、对词语进行大小转换、提取语句词干、将词语转化为同义词等。文本分析主要是实现文本字段的数据标签规则化,将值映射到 token 之后,按照映射的值来建立索引,以便批量、快速地检索。需要说明的是,文本分析不只在快速索引中应用,关键词的精准查询与模糊匹配,依然是对输入的查询条件进行分析。文本分析可以判断财政的检索结果中是否有涉敏内容,如果有则会对其进行标记。

(5) 对于 Solr 的检索速度通过单机和集群两种模式测试的结果为:单

机模式下 300 万条记录的情况下模糊查询和排序结果均在 1 秒内返回；10 个节点的集群提供 solr 搜索服务时 8500 万条记录的情况下模糊查询和排序结果均在 4 秒内返回；由于 Solr 提供对财政收支、社会运行、经济状况、财政项目等历史检索记录建立索引以提高以后检索的速度，所以检索的时间消耗会随着检索记录索引的完善得到大幅度降低，并且通过分布式的 Solr 查询，能够支持 TB 级的关键词检索，以满足 Solr 搜索引擎符合财政大数据对于检索速度的要求。

4.2.3 财政运行风险自动识别与预警

对财政数据进行特征提取，分析其表现出的运行结果，从而设计财政运行风险分析系统。本系统可以通过提取财政收支、社会运行、经济状况、财政项目等数据的特征和本地已知的异常特征库进行行为匹配，具体的实现方法为：

（1）数据层：先对各种财政数据进行简单的聚合、关联与衍生，从原始数据形成新的财政价值指标，再对数据进行标签化与规范化，支持机器学习分类与模型识别等算法。

（2）特征层：广泛地从不同的财政数据、衍生数据、标签化数据中提取财政运行特征，通过地域分布、业务逻辑等规则将多维的数据按照特定规则关联起来，作为基础的财政画像。

（3）决策层：从不同的数据中分别提取特征，通过特征识别过程获得财政运行风险结果与权重，再通过融合策略获得最后的判别或识别结果，并对财政运行风险做出预警或告警提示。

通过以上数据层、特征层、决策层的融合，能够有效检测到财政的运行风险，并依据数据做出科学的判断和预警。

4.2.4 财政数据特征分析工具

在搜集和解析财政数据后，需要依据不同应用场景的需求，设计不同的财政数据特征分析数据主题，如地域、时间、项目、行业等，从而建立全面、细粒度的财政数据特征数据仓库，包含财政数据特征审计周期的全部数据，能够提供不同角度的财政数据特征统计查询；面向财政数据特征分析场景，设计时间、地域、财政、项目类型等维度表，对财政数据特征日志进行维度汇总或衍生汇总，形成财政数据特征分析事实表，通过财政数据特征维度表和事实表实现财政数据特征分析主题的新型模型，从而建立财政数据特征指标数据集市，提供财政数据特征指标的多维查询和分析工具平台；数据集市模型是建立在 MPP 架构上，能够提供海量数据的联机分析处理（OLAP）即席查询，以支持财政数据特征指标多维查询，能够在 5 秒内完成检索响应。

针对预算制定相应的指标阈值，使用时间序列化模型，分析财政数据特征，如果财政的某个项目指标达到了这个阈值则被判定为风险指标，通过对大批量行为指标数据的标签标注建立财政数据特征模型，该模型能够实现对预算超标或者进度缓慢的项目进行预警。

4.2.5 财政数据特征分析模型库

通过分析财政数据的相关指标数据，利用 Canopy 算法分析出财务项目群可以分为几类，然后利用 K-means 聚类方法对财政指标数据进行聚类，聚类结束后分析每一类财政数据共有的突出特征，然后给该项目群打上特征标签，建立财政数据特征统计分布模型，并利用统计分布拟合检验等分析技术，建立财政画像和财政数据特征分析模型库。

在财政数据计算的基础上，利用 K-means 对财政运行、经济发展、社会状况等数据进行聚类在机器学习领域中属于无监督式学习行为，当我们在聚类结束后给每类财政数据打上特征标签后就转化成了带有标签的特征数据，现在可以将这些具有特征以及相应类别标签的数据集当作训练集，利用机器学习中的时间序列化算法建模，模型建立完成后可以对新的财政数据特征数据进行趋势分析与预测，当财政的项目预算超出或者项目延迟时，模型能够精准地预测到，这里还可以设定一个次数的包容值，因为项目可能存在偶然的一次违规，所以设置一个违规行为次数的阈值可能会比较合适一些，如当财政项目较短时间内接连有三次违规行为时系统则发出预警信号。该模型的 job 程序用 Spark 进行开发，建模阶段使用 Spark MLlib 类库，该类库提供常用的机器学习模型 API。将程序设置成每日定时执行，并且对历史 job 结果进行保存，这样每次 job 运行时只计算当前新增财政数据信息，能够省去对历史财政数据的计算消耗，很大程度上提升模型执行效率（见图4-1）。

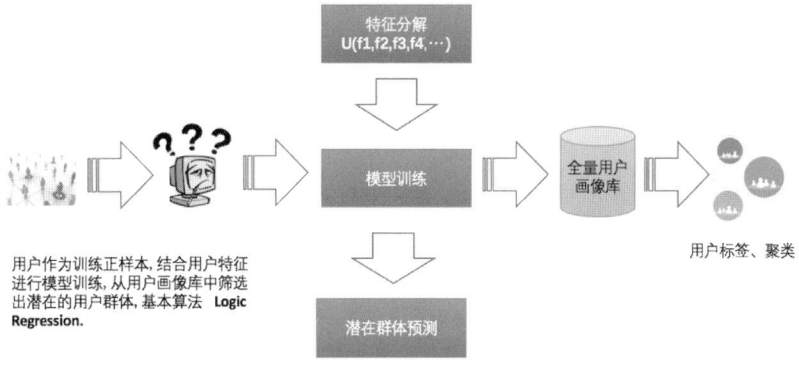

图4-1　财政数据特征提取模式

因此，利用聚类分析、财政标签画像和时间序列分析技术，对财政数据特征进行趋势分析，识别并预警财政的运行趋势。

4.2.6　财政数据特征库模块

利用特征工程分析技术，自动对财政指标进行筛选，将财政指标转换为机器学习模型所需的特征数据，形成财政特征库。提供查询接口，供其他模块进行查询，并基于此数据进行深度学习分析；对财政特征进行筛选和转换，定期计算财政统计指标，建立财政特征库。为了对财政数据特征实时监控与分析引入 Spark Streaming 计算框架，Spark Streaming 是一个支持分布式的并可以容错的批量实时计算程序，分为 JavaSpark 与 PythonSpark 两种语言开发模式，用于"流处理"之中，实时处理消息，计算出项目的某些进度与预算指标，如财政预算、交付时间、考核内容等指标，将这些指标存入相应的财政指标库，随着后续数据的流处理不断更新数据库中财政指标，形成比较准确的财政数据特征分析指标，另外 Spark Streaming 可进行连续查询并把结果即时反馈给客户，也可用来并行处理密集查询，Spark Streaming 的底层逻辑结构是分布式，以"拉"的形式去采集通信中间件的信息与数据，在收到相关的数据之后，可以设定特定的规则，如最大、最小、平均等对设定范围内的数据进行计算，输出计算的结果。

由于财政数据特征分析模块部分计算出的行为指标数据可能会比较多，

即特征维度较高，但由于某些财政指标特征对于财政类型没有决定性作用，即会存在一定的噪声点，噪声点的存在不但会使后续的模型建立变得复杂，还会提高算法的计算开销，所以要通过降维算法来过滤掉一部分特征，提高特征数据的精度和减小算法计算的开销，如今用到最多的降维算法当属PCA算法，经过降维后的精简特征形成行为特征库，一方面可以供机器学习建模使用，另一方面可以供其他模块进行查询和深度学习分析。

财政数据特征指标的特征筛选用 Spark 进行开发，job 定时执行进行特征的筛选以及对历史行为记录进行统计，最后将计算的统计指标存入财政特征库。

4.2.7 财政数据共享模块

平台的财政管理和角色权限可以根据分财政业务范围、分功能权限、部门权限、数据权限的管理手段，全面保障数据的安全性，实现数据保密分级，按级开放、按级使用。同时通过数据容灾备份、CA 身份认证、数据加密等多种技术手段保障数据的安全。

为财政提供多个查询入口和方式，如通过关键字查询、引导查询、批量查询、自定义查询等多种方式查询所需要的数据，并在主页提供针对全局的报表和模型参数的查询入口来实现对数据报表和检索框架的安全访问管理。

采用外部数据 API 的形式，实现系统的扩展接口，这有助于我们设定接口规则与查询模式，再通过不同权限将接口进行分发，有助于解决财政数据涉密、数据权限、内容监管等问题；扩展接口是以各种 API 的方式开放，能够通过安全、灵活的接口形式进行功能扩展，支持与其他已有系统进行对接，支持根据特定的业务需求进行灵活的二次开发。开放性使得财政数据特征分析平台有了良好的扩展能力。

4.2.8 财政数据前端展示模块

采用 Echart、D3.js 等数据可视化的前端展示框架，设计财政数据特征分析平台门户，根据财政收支、经济运行、社会状况等财政相关数据进行统计分析，提取财政运行特点，提供财政数据检索功能与汇总报表页面，并通过财政数据特征分析页面和管理配置页面，丰富的数据可视化能力实现数据结果的展示。对于财政数据特征分析的关键指标，通过仪表盘、大屏幕等大数据财政分析平台进行集中展示,也是系统展现给财政的主要可视化端口,风格方面采用适用于大屏展示的互联网画风;目前的可视化组件支持多种展现形式,财政相关部门也可根据需求对驾驶舱的布局和展示内容进行控制和修改。预警是指根据设定的相关信息安全警告,对系统内可能存在的异常操作行为进行警告及通知。

财政数据特征分析平台,实现交互体验友好前端界面,支持数据的全文检索和汇总功能;实现财政数据特征分析界面,支持行为事件、事件属性(option)、筛选条件(任意 option 的精准定位)等多维度的分析交互界面;提供对行为特征库、机器学习模型管理、系统管理等管理配置功能的交互界面;数据展现平台提供丰富、美观的数据可视化图表。

4.2.9 财政数据中台建设与数据赋能

财政决策离不开各种财政数据和非财政数据之间的相关性分析,这需要财政与业务数据的有机融合。基于财政大数据平台,在抽取、转换、加载与财政决策相关的各种网络日志、Excel 表格、数据库、文本等财政和非财政数据之后,通过批量、流式、实时的大数据技术和分类、挖掘、预测等分析手段,探究数据间的内在联系,从而进行数据赋能,分析出多维数据的管理价值、商业价值与监控价值,为财政决策提供合理的数据支撑。

财政决策所依赖的数据源是非常多样的,因为财政本就是多因素影响、多部门运作的过程和结果,因此采集数据时需要考虑万维等互联网,淘宝、天猫等移动物联网,顺丰、京东等物联网,微博、知乎等社会化网络等媒介,借助财政数字化转型大数据分析决策平台,从各个部门获取财政相关数据。比如,从政府部门获取预测、决算与考核数据;从工商部门获取企业基本信息、经营范围、经营状况等数据;从税务部门获取每年缴税情况与递延情况;从财务部门获取经济效果、运营过程、现金状况等数据;从事务所获取法律纠纷、诉讼事项等数据;从银行获取授信额度、违约情况、存贷款额等情况。同时,借助大数据处理技术和方法实现对获取数据的规范化处理,并通过数据分析与数据挖掘技术提取财政决策相关的政府监管、纳税、经济效果和社会运行等信息,然后通过智能的商业分析、精美的可视报表发现、高维且复杂的数据分析等技术,为财政部门的各种财政决策提供支持。

持续提升财政分析及业务管控能力,对现有数据、信息和知识综合整理、分析,满足财政日常管理和监控的需要,满足财政转型向管理层以及其他部门输出内部管理的信息或涉财报表的需要,满足财政共享与决策分析的需要。

具体目标如下:

(1) 建立财政数据深度运营管理平台,提高对业务的支撑能力。

(2) 建立财政数据监控机制,加强对业务数据管控能力,奠定"数据运营"的基础。

(3) 支持现有财政、业务平台等多种数据源,扩展数据分析的范围和广度。

(4) 优化系统,减少冗余,提升系统效能。

(5) 建立数据质量监控机制,完善数据管理能力。

(6) 元数据系统建设目标:实现统一的财政数据资产全局视图,提供便捷的财政数据资产管理;根据财政数据特点,建设独有的数据指标与质量管理方法,建设符合行业统一标准的模块管理元数据,为共享的财政分析数据指标与质量管理方法打下扎实基础。

(7) 实现财政数据共享。

(8) 为管理与决策提供数据支持。

4.2.10 财政数字化平台建设与决策智能

财政数字化平台大数据分析与决策系统应该满足两个建设目标。第一,从数据获取层面来看,实现大数据的采集与存储,满足财政对数据时效性与数据访问的需求,体现其在财政信息系统构建与数据管理的领先性和独创性。第二,从功能层面来看,在大数据信息系统完成后可以提高数据分析能力、项目管理能力与财政决策管理,全面提升服务水平。

从数据获取层面来看,财政大数据信息系统应该满足如下条件:(1) 数据获取范围跨多平台、多类型、多业务,保证数据质量与完整性;(2) 数据实现 TB 级别保存,GB 级别增长更新;(3) 数据实现实时获取,5 分钟内完成获取、计算与可视化;(4) 实现数据库高并发访问;(5) 实现平台之间的数据贯通与融合。

从功能层面来看,大数据信息系统应该实现以下功能:(1) 实现知识库多维检索，为预算、决算、监控、绩效等提供数据支持；（2）支持大数据建模，构建数据挖掘架构，推荐大数据挖掘算法，优化财政预测与财政决策模型；（3）实现分布式集群或者云服务的高速运算；（4）提供多维可视化框架，简化界面，实现数据的多维灵活展示；（5）提供内部数据供外部访问的 API 接口以及访问外部数据的 API 接口。

4.3 财政数字化转型关键技术研究

4.3.1 多数据融合技术研究

在财政相关数据的数据融合中，使用 PowerDesigner 对数据流程进行整体架构设计的解决方案（见图 4-2），采用模型驱动方法，将业务与 IT 结合起来。使用此技术，有利于在页面整理阶段，将平台的数据逻辑通过图形体系化呈现出来，并为财政数字化系统的整个数据库开发周期提供全面的设计与分析。利用 Python 数据处理技术，对新度量指标数据进行抽取、转换，保证多源数据一致性与融合度，并将数据统一存储在 Doris 等分布式数据库中。

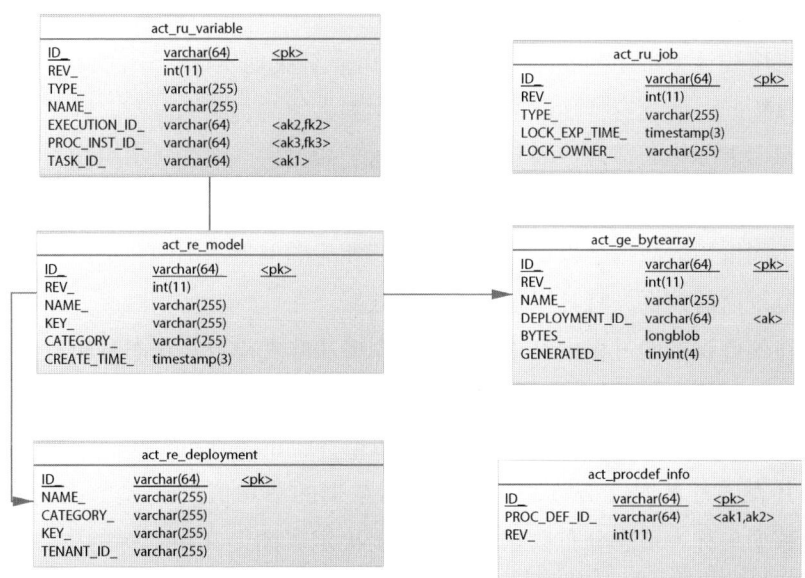

图 4-2 Power Desiner 设计数据融合模型

在财政大数据中心进行数据集成的过程中，涉及机构化和非结构化多源数据融合技术即利用调查、分析获取到的所有信息全部综合到一起对信息进行统一的处理、聚合得到面向分析的数据主题。实现方法包括：（1）数据选择。必须保证数据选择的正确性，尽量优选出合适的数据对象来进行数据融合。（2）数据的预处理。数据合理选择之后要先对其进行预处理，以免未经处理的数据在多源融合时影响到融合效果。（3）数据融合。当前可采用的数据融合技术方法可以大致分为三类，即最细粒度的明细数据融合、经过特征提取的聚合数据融合以及通过业务模型判别的指标数据融合。

4.3.2 关键指标设计与实现研究

为实现财政数据分布、相关性等数据的研究，观测关键指标的历史数据，通过描述性统计分析与数据挖掘，结合工作人员经验，利用3sigma原则或者离群值定义每个指标的上下限阈值。用描述性统计分析方法分析指标历史数据，统计数据均值、方差、标准差，可以得到历史数据的集中趋势、离散趋势、分布状况。基于此，测算数据是否符合正态分布，如果符合正态分布，使用3sigma原则获取指标上下限阈值。如果不符合正态分布，使用箱线图离群值获取指标上下限阈值。

应用统计中常用的3sigma原则，常用来解决现实生活中的误差处理问题。该原则的使用有特别严格的条件，数据必须符合正态分布，因此，在使用过程中需要先验证数据的分布状况，然后假设这一系列数据只包含随机的误差，不包括人为的误差，接下来基于这组数据计算数据可能出现偏差的范围，不同偏差的数据会以不同的概率落到相应的偏差范围中，最后识别落到偏差范围内的数据，将其识别为异常的数据。

在偏差识别的过程中，正态分布这个应用非常重要。正态分布有其独特的特征，它像一个大钟，中间位置比较高，两边的位置比较低，并且是个左右对称的图形（见图4-3）。如果一组数据符合正态分布，我们用数学的方法将其表达为 $N(\mu, \sigma^2)$，其中 μ 表示数据的平均值，σ^2 是数据的方差，并把数据集称为正态分布数据。其中，μ 决定了图形在横坐标的中心位置，σ 决定了图形的高度。当平均值是0，标准差是1时，该分布就是标准正态分布。

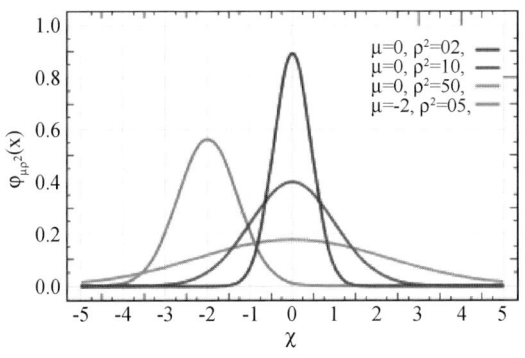

图 4-3 正态分布

除了上述的偏差计算规则,还有离群值(见图 4-4)计算规则,用于识别该群数据中与数据集中趋势距离较大的数据,这个距离就是离群距离,通过箱体图来识别。该方法识别离群概率小于 $1/2n$ 的数据,n 为数据集的量,因此,数据量越大,离群值将会越准确。鉴别离群值有两种方式,一是通过数据的频数分布直方图,在两侧概率小的数据,初步可以认定为离群值,该种方式比较粗略。另一种方式是构建箱体图,将数据排序后按照数量分为四等分,第 25% 的数称为下四分位数,也是箱体图的下箱体边缘;50% 的数称为中位数;75% 的数称为上四分位数,也是上箱体边缘。那么箱体的长度就是上箱体的数值减去下箱体的数值,如果一个数大于 2 倍的箱体长度,就可以被精准地识别为离群值。

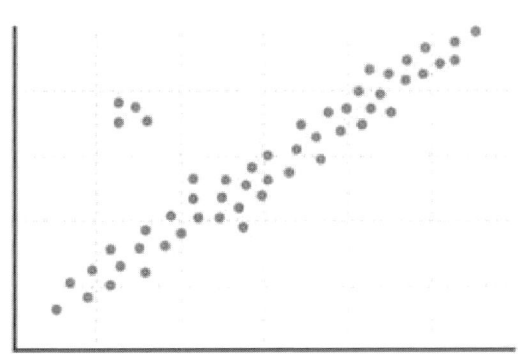

图 4-4 离群值

4.3.3 全文检索技术研究

建立财政大数据分析中心,要完成海量信息搜索工作。我们希望搜索解决方案要运行速度快,能够进行文本数据的精准查询与模糊查询、数值数据的多维快速查询,以及搜索服务器始终可用,并能够支持横向扩展。因此我们利用 ES 来解决文本数据与数值数据的关键词检索需求(见图 4 – 5)。

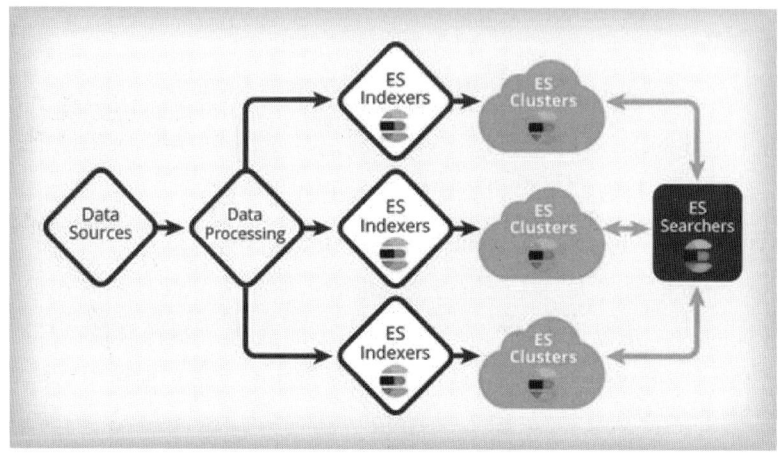

图 4 – 5 Elastic Search 应用示例图

ES 是专注于搜索的服务器资源套件,底层技术是 Lucene,它继承了 Hadoop 分布式的特性,可以做分布式节点以提高检索的数据量与检索速度,数据接口技术主要是 RESTful,支持 web 页面进行调用。ES 最初的套件是基于 Java 开发的,技术成熟后整体的代码被开源,有专业的开源社区维护团队。目前,它已经成为 Apache 许可条款下最流行的搜索引擎,专注解决企业级数据检索需求。全文检索技术未来可以与云计算技术结合,能够大幅度提高数据检索的实时性、可靠性与稳定性,并且软件的安装与使用更加方便。

4.3.4 数据可视化技术研究

财政数字化转型大数据分析与决策系统作为开放的大数据平台,需要提供多样、美观、直白的以表格和图形为主要形式的数据展示能力,支持从多样的维度观察和分析数据，在多维数据的关联计算中深入挖掘数据价值。

可视化提供以下主要功能：

（1）报表灵活定制：提供报表设计工具，可根据数据内容和格式快速灵活地定义出报表展示要求。

（2）多维报表查询：可以灵活选择数据维度，指定输出结构与聚合规则，实现多个数据源、多个维度、复杂指标的查询分析，并将数据灵活配置为图形，支持报表的多种类型下载和图形下载。

（3）统计图型：以饼图、柱状图、散点图、曲线图等图表方式对数据进行可视化展示，用以完成数据的占比分析、环比分析、同比分析、趋势分析等。

提供的主要展示形式有：表格、折线图、柱状图、散点图、饼状图、雷达图、关系图、地域图、其他图，同时支持各种直接的混搭图。

（1）表格。表格是用来简单展示数字，表格表头注明每个字段的意义，然后将对应的数值填写到单元格中即可。例如，展示财政预算差异分析的统计信息的表格如表4-3所示。

表4-3　　　　　　　　财政数据可视化实例表格

财政维度	预算	实际	差异
××××	××××	××××	××××

（2）折线图。折线图主要反映某一指标的变化趋势，如图4-6所示。

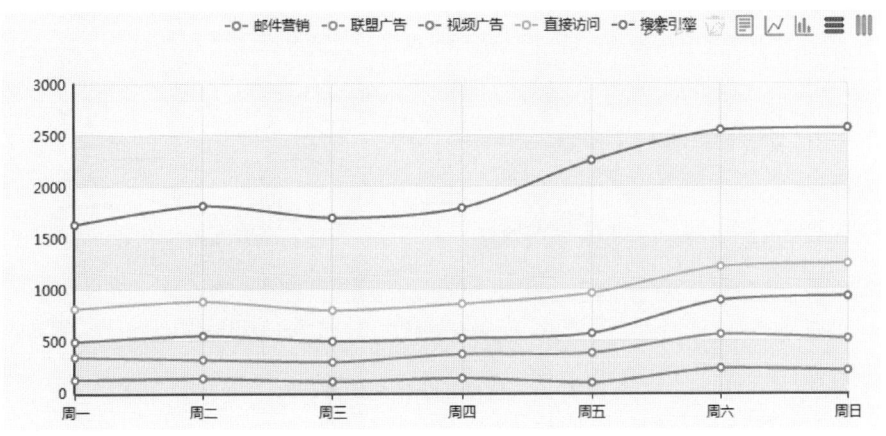

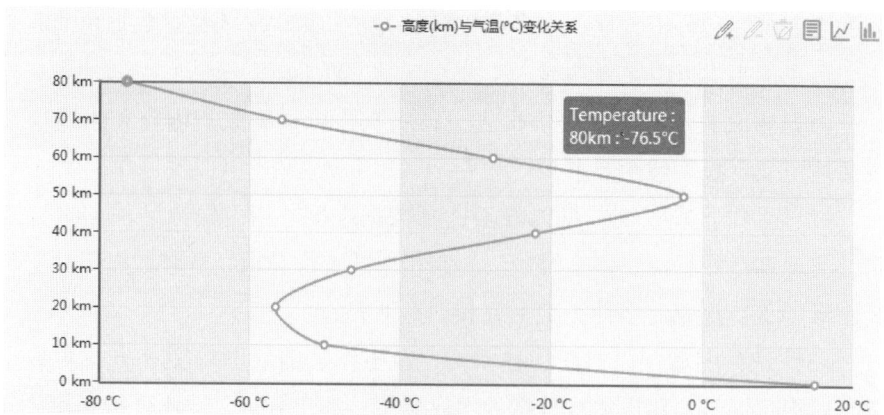

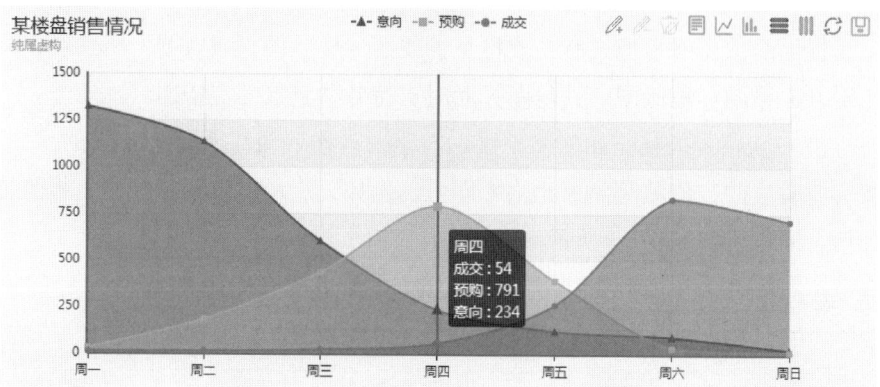

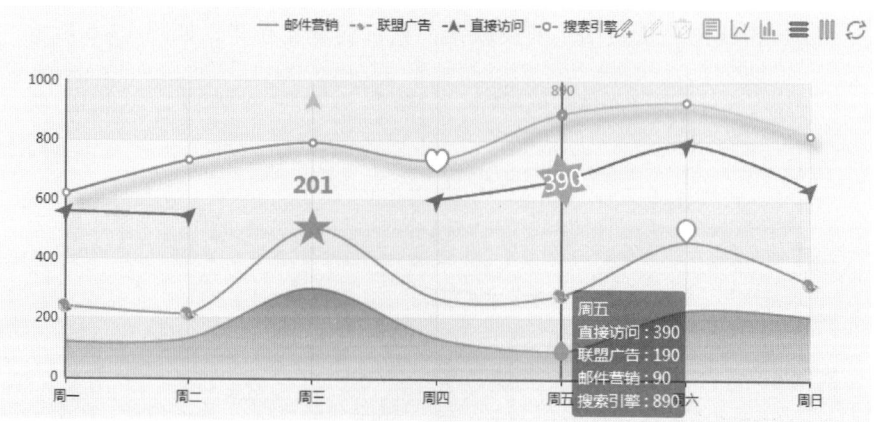

图4-6 数据可视化折线图示例

（3）柱状图。柱状图是以数据类型为横坐标，每种数据类型的计数为纵坐标，并且纵坐标高度以柱子高度来表示的图形。该类图形主要用来对比多于两个数据类型的数值情况，或者同一数据类型在不同阶段的走势情况，如图 4-7 所示。

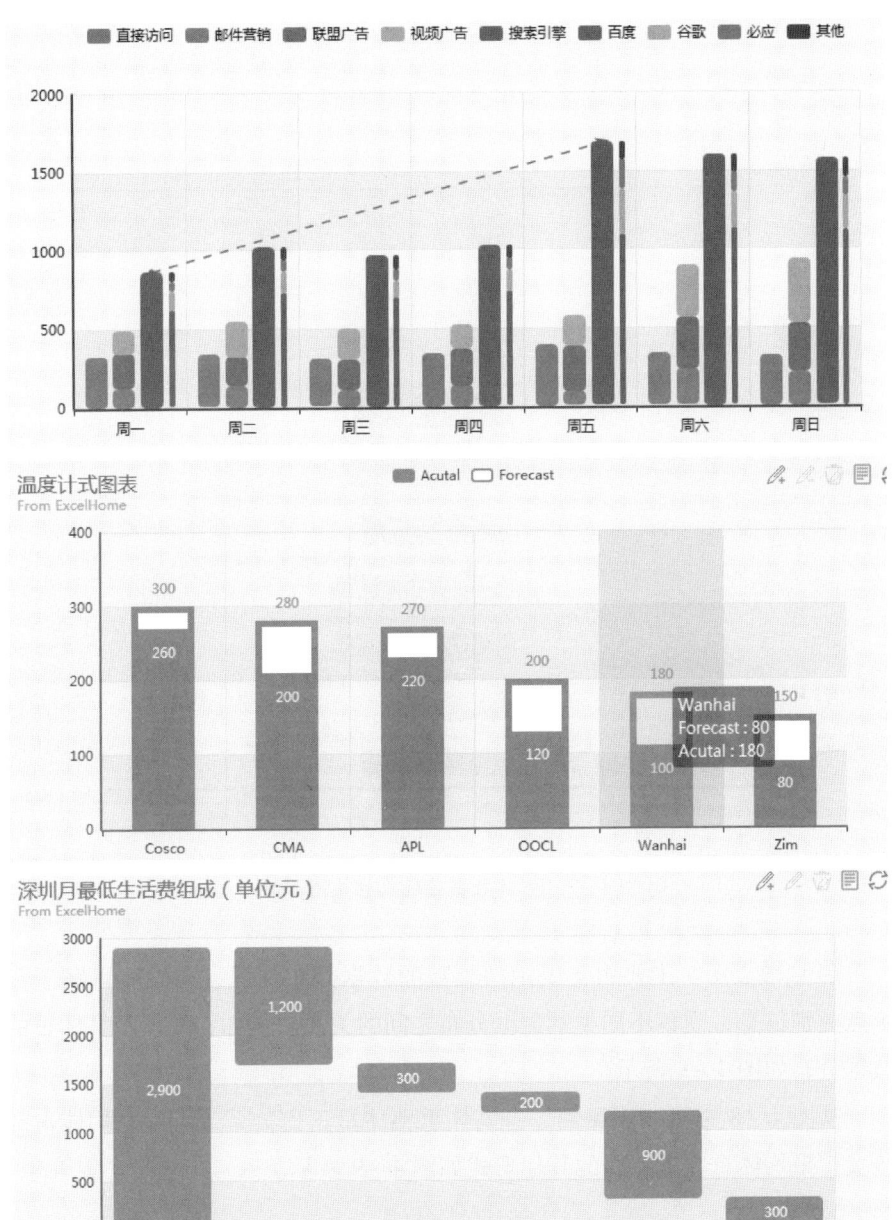

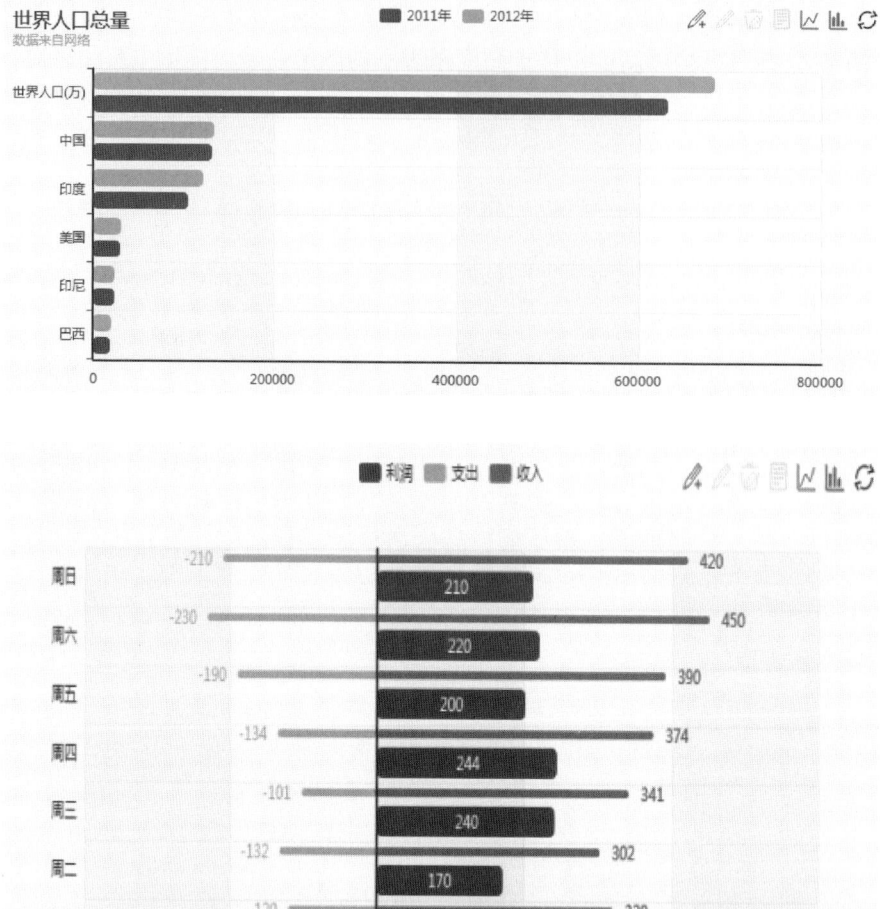

图 4-7　财政数据可视化柱状图示例

（4）散点图。主要用于展示两维数的数据分布情况，同时可以赋予每个点类别信息，观察不同类别数据分布之间的关系。例如，人体身高体重的数据分布如图 4-8 所示。

从图 4-8 中可以观测到，身高体重整体呈正比关系，男生平均体重高于女生平均体重。散点图的其他形式如图 4-9 所示。

4 财政数字化转型建设需求研究 55

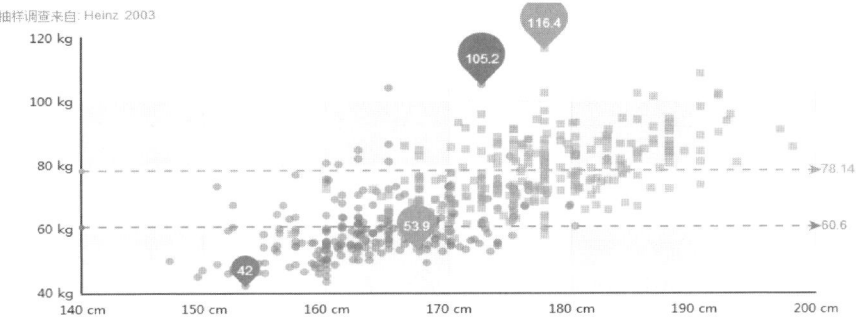

图 4-8 财政数据可视化散点图示例

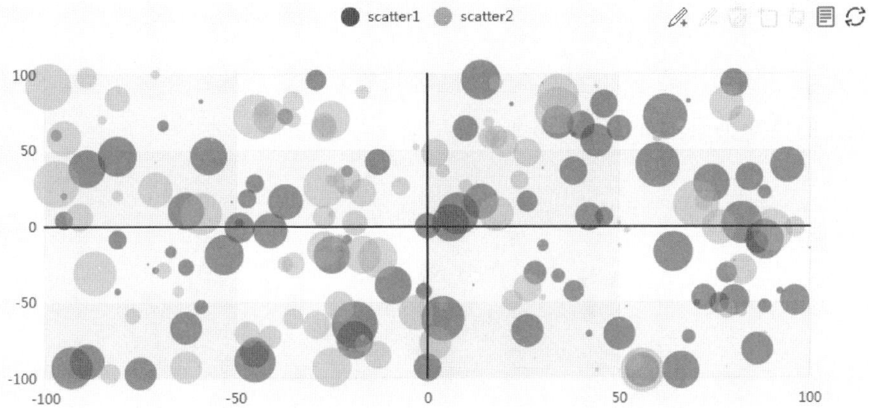

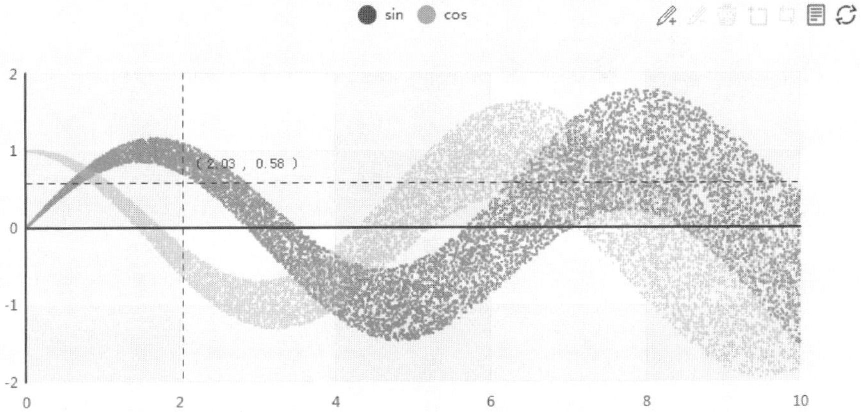

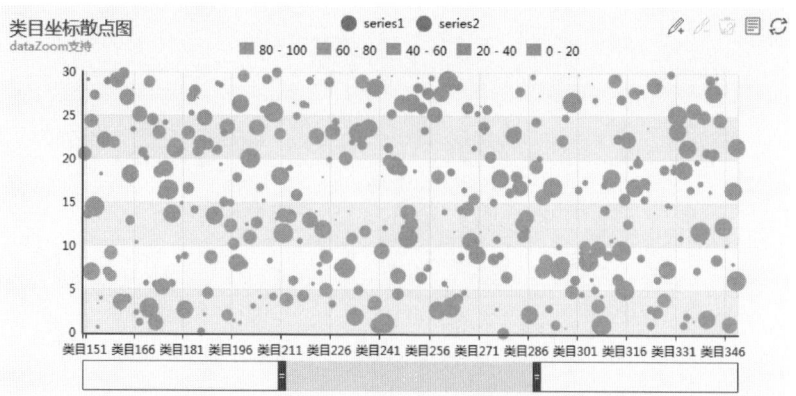

图 4 - 9　财政数据可视化其他散点图示例

（5）关系图。主要反映多个物体之间关系的图，如社交关系图。例如：某人的社交关系图如图 4 - 10 所示。

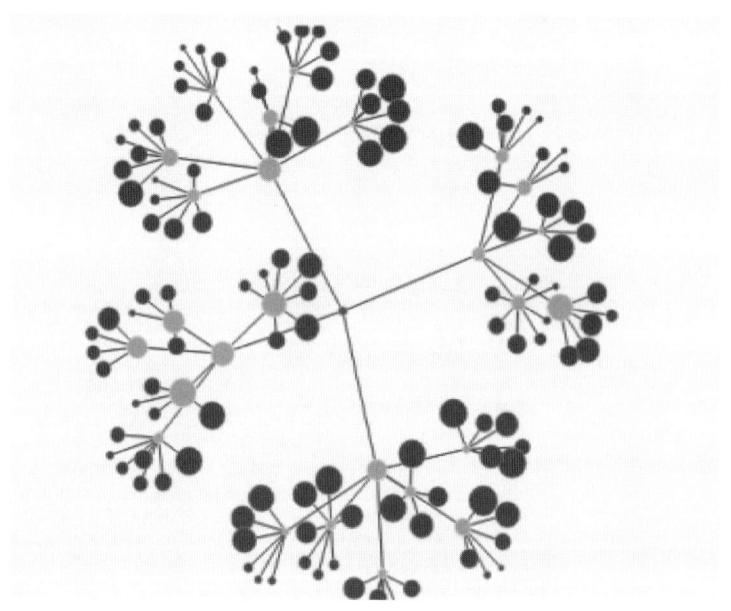

图 4 - 10　财政数据可视化关系图示例

关系图其他方式如图 4 - 11 所示。

4 财政数字化转型建设需求研究

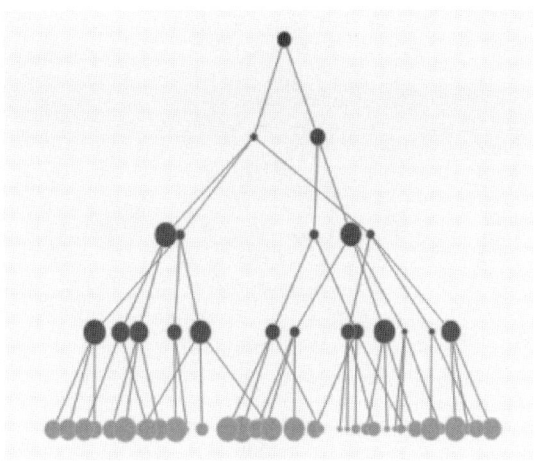

图4-11 数据可视化其他关系图示例

（6）地域图。主要反映某一项指标在不同地域的数值情况。

（7）其他图。仪表盘，主要显示某一事物目前的情况。例如，某项任务的完成率，如图4-12所示。

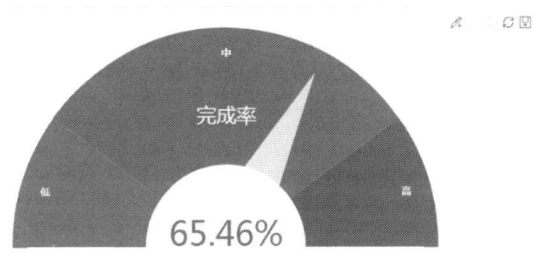

图4-12 财政数据可视化仪表盘示例

仪表盘其他形式如图4-13所示：

图4-13 财政数据可视化其他仪表盘示例

维恩图：主要用于显示集合关系的（见图 4 - 14）。

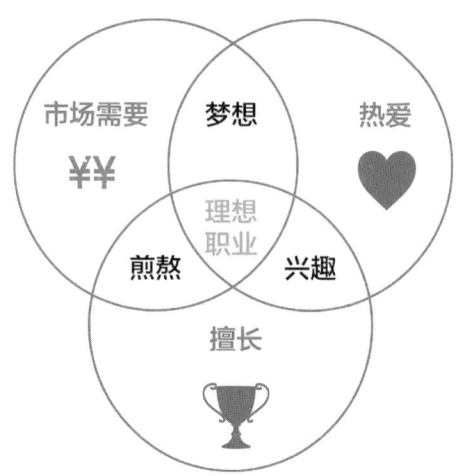

图 4 - 14　财政数据可视化维恩图示例

Echalts 图表使用非常的方便，大数据平台可以提供结构化的数据接口，以上的图表可以接受 JSON 格式的数据源，实现数据的快捷展示。

4.3.5　分布式存储技术研究

（1）分布式 HDFS 文件系统。财政大数据开放平台同样需要保存海量的与财政相关的无规则数据，这些数据通常是放到分布式组件的文件当中，这样的文件通常用 HDFS 的组件来管理。事实上，分布式数据库 Hbase 最终也会将数据存放在分布式文件系统 HDFS 中。

HDFS 是一个分布式文件系统，具有如下一些特点：

①支持经典的"目录""文件"视图，类似于单机文件系统。

②高可靠性，少量节点的故障并不会导致服务中断，也不会导致数据丢失。

③高性能，支持高频率与大规模的数据吞吐，因此适合应用于数据量规模较大的传输与存储应用上。

④可伸缩，能够在线动态扩容，对于能够存储的数据量几乎没有限制。

⑤可以在低价的 PC 服务器上搭建起大规模存储集群。

HDFS 分布式文件系统将一个文件切分成若干个 Block，再将这些 Block

以多副本的方式存储在不同的机器上。一个 HDFS 集群主要由 2~3 个名称节点（NameNode）以及不限量的数据节点（DataNode）组成，前者主要负责文件元数据和所有数据节点的管理，如文件目录树及读写权限的增、删、改、查；数据节点的负载均衡；块（Block）位置查询与副本策略等。后者只要负责响应财政的 I/O 请求，负责存储、管理分配给它的文件 Block 等，数据节点的数量由分布式决定，分布式理论是可以无边界扩展的，因此数据节点可以认为也是没有边界的，但实际应用中不可能如此。

分布式 HDFS 的整体架构如图 4-15 所示。

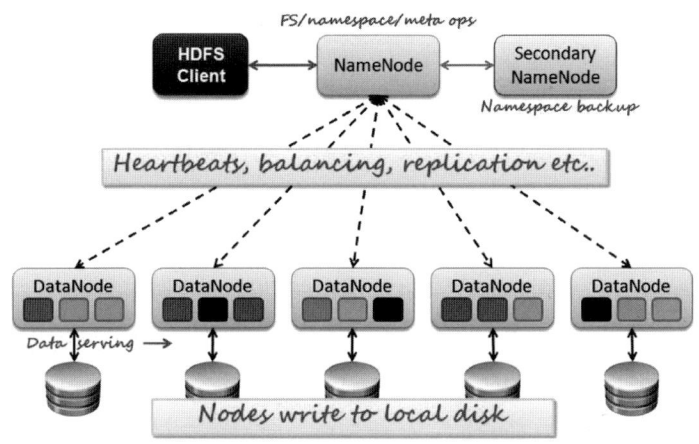

图 4-15 分布式存储技术

⑥增加了 HttpFS 和 WebHDFS。在应用中，可以通过 http 协议调用文件管理系统的组件，分别是 Webhdfs 与 Httpfs，两者的区别在于前者是名称节点与数据节点原生的，后者则是一个新的组件，需要考虑适配的问题。Webhdfs 的工作原理是通过数据节点进行文件的传输操作，不能直接通过名称节点完成操作，一个 Webhdfs 客户端可以访问多个数据节点。而 Httpfs 对文件的上传操作基本不用安装客户端，利用自身的功能就可以完成。两者在使用上虽然有些许差异，但基本原理与操作方法都是一致的。

⑦安全问题。为解决安全问题，可以在 HDFS 开源框架的基础上添加安全功能，可以强制对财政应用上的所有控制台、进程等客户端进行验证，鉴别运行程序中的流氓服务。对未授权的任务、网络攻击、程序进程进行访问数据块的权限 ID 检验，提高数据的访问权限控制，提高数据访问的安全性。

基于此，程序还可以数据分角色、分权限的多级、分级访问控制，在数据传输时进行密钥加密，对数据库的数据进行静态加密，对访问数据的所有事件进行记录与审查，保障数据问题可抑制、可控制、可溯源、可解决。

⑧对于 Hadoop 原生态系统中脑裂问题。计算机中的脑裂问题主要是指在切换生产数据库与测试数据库时，或者切换测试的代码到生产，由于数据不一致或者有的接口没有切换，造成前端展示数据混乱，代码运行混乱，机器误以为出现两个操作控制，生产与测试的调度口令冲突，整个集群变得混乱。平台在建设时会严控代码与数据库版本与切换规则，避免以上问题发生。

（2）分布式 Hbase 数据库系统。大数据开放平台中结构化数据的记录数将会是非常巨大的，这是因为：

①目前已经有大量结构化数据，常常分别存放在不同的关系数据库中，这些数据的规模和领域都在快速增长。

②历史数据的积累。在典型的大数据分析、挖掘、智能应用中，历史数据扮演着非常重要的角色，历史数据随着时间的推移在不断增长。

③由于规范的数据比复杂混乱无结构的数据更易于理解和使用，越来越多的数据会被转化为规范的结构化数据。

因此，对规范数据的存储，传统的单一数据库服务器已经很难胜任，需要用分布式数据存储技术不断地根据业务发展需求和数据增长需要扩展服务器数量来存储规范化的数据。

Hbase 是一个分布式数据库系统。其主要特点包括：

①支持经典的"数据库""表"视图，类似于单机关系数据库。

②高可靠，少量节点的故障并不会导致服务中断，也不会导致数据丢失。

③高性能，支持高并发的数据 CRUD 操作和高吞吐的批量处理操作。

④面向列，可以很好地支持数据仓库中常见的宽表、稀疏表。

⑤可伸缩，能够在线动态扩容，对于能够存储的记录数几乎没有限制。

⑥可以在低价的 PC 服务器上搭建起大规模结构化存储集群。Hbase 分布式数据库系统将一个表按照行和列切分成若干的分区（Region），然后分别存放在不同的机器上。Hbase 集群主要由 2~3 个管理节点和大量分区服

务端组成。管理节点通过调用多个分区服务端来解决单点问题，实现数据读写的高并发，管理阶段主要负责数据表和分区块的管理调度工作，管理节点一方面可以对数据表的元数据进行增删改查操作，另一方面可以促进分区服务端进行负载均衡，调整分区（Region）的分布，如果分区分裂了，可以对新的分区进行新的分配管理，如果分区服务端出现故障，则负责该分区的数据迁移工作。分区服务端主要负责响应财政部门对系统的 I/O 请求，向 HDFS 分布式文件系统中读写数据等。

⑦对于 Hbase 的性能优化。Hbase 的底层技术是文件管理系统（HDFS），通常将数据分割为文件存储到 HDFS 中，然后抽取到 Hbase 数据库，由于 HDFS 里的文件一旦写入就不可修改，只可删除，因此其数据一致性非常高，不易出现数据错乱问题。这种一致性机制使 Hbase 中的数据修改过程烦琐，需要通过 LSMTree 结构重写新的文件，并同时检索多个文件信息，按时间戳合并结果来仿造实时修改数据过程。因此，系统运行一段时间后，会形成很多数据文件，如果机器硬盘的存储内存与运行内存过低，会造成数据传递堵塞，数据读取的性能下降。

在生成多个存储文件之后，Hbase 为了缓解数据读取性能的下降需要定期进行数据文件归并操作 Compaction。由于数据归并操作通常要读取分区中所有的文件信息，并将这些信息重排后写入新的存储空间中，因此数据归并操作会消耗大量的网络通信资源，占用大量运行内存、磁盘空间与 CPU 使用度，系统很容易过载。数据归并过程中如果网络带宽开销大会挤压其他业务网络造成网络运转不畅，如果内存占用过多会造成分区服务端长时间执行操作而无法完成对外的数据服务。在这个过程中，如果由于内存问题影响到服务运行，当停滞时间超过 ZooKeeper 规定时间，管理机会误认为是服务器挂断，将整个服务下线，然后把这部分分区内的数据任务分配给其他服务器，从而影响其他服务器的运行。上述过程中，最好的情况是在受到影响后 2~3 分钟内完成重启，而最坏情况则是本台服务器连同整个集群全部受到影响而下线，所有的数据服务停止。介于此现象我们的系统将对 Hbase 的数据存储上做了层优化，使得这种现象不再出现。

Hbase 列式存储结构适合存储键值对形式的数据，不适合存储非稀疏数据，将这种类型的数据转化为列式存储时不得不将数据分列，分列后产生重复数据项,会造成较大的数据冗余,数据就会膨胀。一般情况下,每10列数据的膨胀率大约为3~5倍,最终导致Hbase读写能力大大降低,因此我们在Hbase底层做了进一步优化,将此现象延缓出现(只在一些极大纬度且海量数据时缓慢发生,在此情况下我们能对此进行人为介入参与,杜绝出现)等。

分布式数据库Hbase的整体架构如图4-16所示。

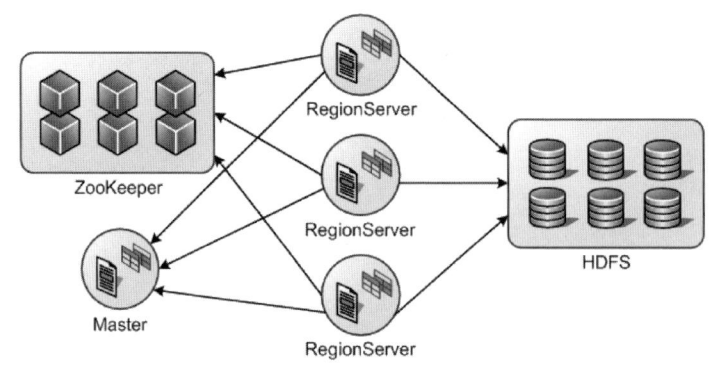

图4-16 分布式数据库Hbase的整体架构

考虑到项目的使用场景,预计需要针对Hbase的几个方面进行优化:

①correctness:大多数版本的Hbase在数据读写行为方面都存在问题,已经成为目前开源版本的重要瓶颈,为解决数据读写的原子性,我们现在提供的版本很大程度上进行了改进。

②wal:日志是Hbase的核心功能之一,每次Hbase的数据读写都有记录,有利于数据的回滚与恢复。目前常规的系统问题主要在日志的分割与恢复操作,表现为数据无端丢失、数据恢复后不准确。另外,在服务器上进行日志的分割操作需要消耗大量时间,需要投入人力、财力、物力进行测试、调试与优化,目前已经有了非常理想的效果。

③abort:Hbase在使用过程中的一些异常会导致程序中断,因此,避免这些异常的场景发生也是系统维护的重要工作。为了避免终端行为,我们修复了一些系统问题,以维护Hbase运行的稳定性。

④zk:Hbase开源版本中对zk发生的异常处理基本无可奈何,这导致系统存在无法解决的潜在风险,通过优化系统程序,可以在一定程度上避免这

个问题的出现。

⑤gc：gc 的问题主要是使用量过大导致的性能过载和使用频繁导致的高并发问题。我们在系统源码上做了一些改进来防止性能过载对系统的影响。

（3）分布式 Hive 数据仓库系统。根据财政数据特征分析平台特点，建议使用 MapReduce 和 Hive 两种方案选择。

MapReduce 是分布式系统的底层运行模式，主要是用来支持数据的大批量并行处理，该运行模式将程序任务分为 mapping 数据索引查找阶段和 reduce 并行计算阶段，该任务基于 HDFS 快速文件读取的特点，使用集中索引、并行处理的方式，实现大量数据的并行快速查找。

Hive 是基于分布式架构的大规模规范化数据存储的工具，可以通过规则的行列形式将数据保存为限定了特定列名字段、行数无限拓展的数据库表格，该表格与通常的 MySQL 结构一致，也支持 SQL 进行数据检索、聚合与关联。不同的是，Hive 在执行 SQL 语句的时候需要转换为 MapReduce 任务，但启动该任务时间成本高，因此小数据量性能不如 MySQL，大数据量性能优越，适合大数据集的统计分析（见图 4 - 17）。

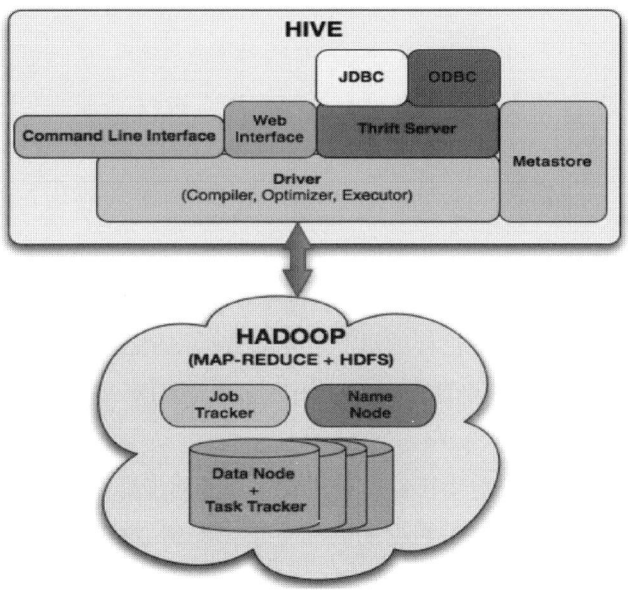

图 4 - 17　分布式数据库 Hive 的整体架构

Hive 支持分区方式存储数据,并基于分区做智能分区消除的过滤,能大大减少物理扫描的记录,降低磁盘 I/O,起到提高系统查询和分析性能的作用。

4.3.6 分布式计算技术研究

(1) 分布式 Spark 计算处理系统。Spark 是批量实时数据处理工具,可以结合 kafka 等中间件、Hive 或者 Hbase 大数据数据库使用。Spark 集成了 Map Reduce 分布式算法的计算性能,结合了众多分布式组件的优点,还摆脱了对 HDFS 的依赖(可以使用,不强制依赖),其底层不需要依赖文件处理系统,而是直接处理内存中的数据,并且具有处理复杂数据的能力,因此 Spark 更适合进行数据分析等应用场景。其架构如图 4 - 18 所示。

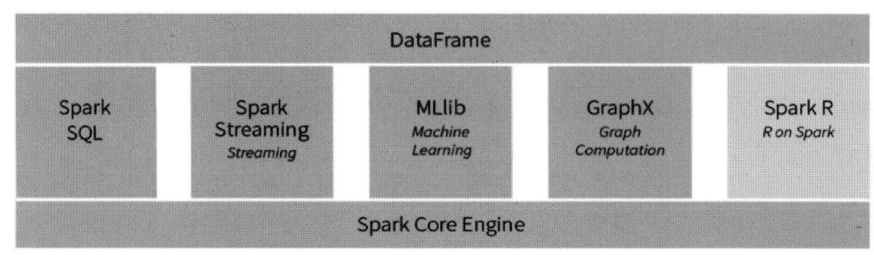

图 4 - 18 分布式计算 Spark 的广泛应用

(1) Spark 不仅支持对文件进行读写,还支持内存读写与数据库读写。一方面 Spark 在应用时可以根据场景需要与 MapReduce 组合使用,共享服务器资源。另一方面可以与数据仓库交互,Spark 几乎与大数据仓库 Hive 完全对接。

(2) Spark 的计算发生在计算机内存中,支持迭代计算,适用于需要多步骤处理的数据集。基于这样的机制,如果数据需要反复的操作,并且数据量很大,那么该场景将会在 Spark 应用中受益;相反,数据量比较小的单次运算,就应该谨慎使用 Spark。

(3) 由于 Spark 的应用特性,它适合大规模同步操作,不适合异步细粒度更新,如 web 爬虫小批量数据的高频更新,Spark 对这样的增量修改场景不适合。

(4) 总的来说,Spark 的适用面比较广泛且比较通用。

◆ Spark Core Engine

基于迭代框架提供多样的操作方式，使用统一的任务计划，使多个迭代任务运行不冲突，应对批处理任务更加的灵活。

◆ Spark SQL and DataFrame

分布式 SQL 引擎和组织数据。

◆ Spark Streaming

流式计算方法，将大量的流式计算分解为一系列短小的批处理任务。

◆ MLlib

MLlib 是机器学习模块，预先设定在 Spark 程序中的算法库，调用即可使用。

◆ GraphX

图计算模块是 Spark 编程语言预设的，其接口可以和 Pregel、GraphLab 等对接，在图的构建与转换方面有一定优势。

目前的 Spark 生态可以进行流式计算、批处理、图计算与交互编程等操作内容，功能非常强大。

（2）分布式 Solr 搜索架构。Solr 是大数据关系型数据库，结合了 MySQL 与 Hive 的优点，支持大量数据的规范化存储，支持大量数据的 SQL 快速查找。目前 Solr 技术主要是对 Lucene 搜索引擎的拓展，在此基础上进行了包装，但系统的相关表达沿用了原始版本。检索方面，Solr 支持多维度的搜索方式，当数据命中时会高亮展示；输出方面，支持 JSON/Excel/xml 等数据文件下载；其他方面，需要建立索引提高数据的读取性能，索引具有特定的规则需要进行管理，Solr 在进行部署时需要进行配置，甚至可以进行编码（见图 4-19）。

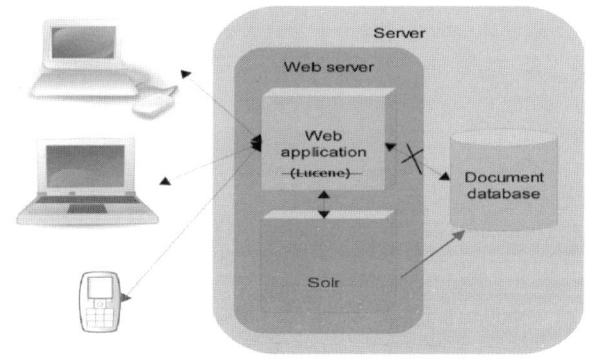

图 4-19　分布式 Solr 搜索架构

Solr 不仅提供了类似 MySQL 的增删改查操作，而且增加了类似 Hive 的索引结构，并且提供数据接口支持外部访问，财政部门工作人员可以通过向 Solr 的网页端应用发送特定请求启动 Solr 的搜索功能，然后 Solr 在本地服务器接受程序请求，接下来按照指令处理请求，最后通过网页端返回请求内容。

Solr 有特定管理界面，用于管理单个任务 Solr Core，该任务是 Solr 独立运行的一个实例，主要用于支持外部的索引和搜索功能。Solr 工程与程序实例的对应关系是 1 对多关系，也就是可以进行并行的访问，实例中的一个 Core 与索引的目录对应（见图 4 – 20）。

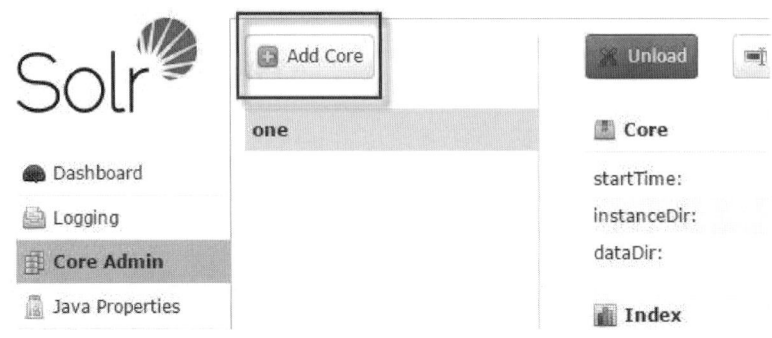

图 4 – 20　分布式 Solr Core 的管理界面

SolrJ 是访问 Solr 服务的 java 客户端，提供索引和搜索的请求方法，SolrJ 通常嵌在业务系统中，通过 SolrJ 的 API 接口操作 Solr 服务，如图 4 – 21 所示。

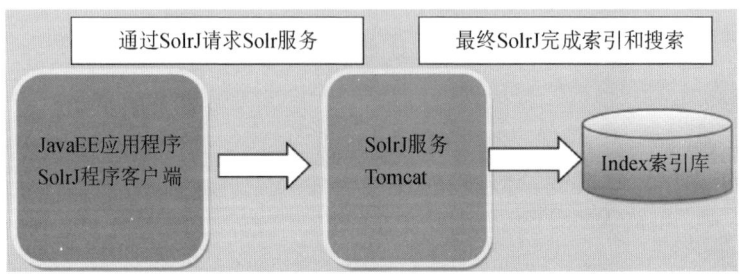

图 4 – 21　分布式 Solr 索引和搜索的请求方法

4.3.7 大数据分析技术研究

(1) 机器学习财政数据特征价值发现。机器学习学科涉及多个领域，应用多种学科理论。在研发过程中分别集成了计算科学、应用统计、概率论、高等代数、微积分、导数等内容；应用领域更是十分普遍，在金融、财务、工业、电商、保险、信贷、物流等与数据有关的行业中都有广泛应用。主要的研究方向是数据本身的特征挖掘，人类学习行为的模拟，知识的获取、判断、改进与推演。目前机器学习算法是实现人工智能的核心技术，也是计算机进行人类行为模拟的根本途径。

机器学习计算（EULER 定制），EULER 是基于 MPI 实现的一个分布式机器学习平台，在财政数字化转型大数据分析决策平台上，进行数据挖掘时，使用机器学习算法必不可少，目前开源平台上的机器学习算法存在诸多问题。针对大数据平台，定制专有的机器学习平台 EULER，EULER 所有的数据都在内存中，节点之间直接通过网络交换数据，数据不在磁盘内运行，效率非常高（见图 4-22）。

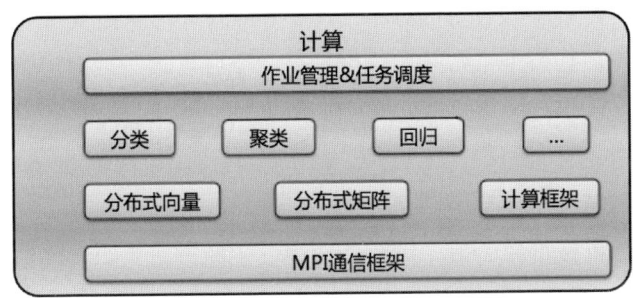

图 4-22 机器学习计算

Euler 支持的机器学习算法如下：

(1) 聚类：K-MEANS、凝聚层次聚类、MIN-HASH、DISJOINT-SET、QUERY-CLUSTERING。

(2) 分类：随机森林、GBDT、LLGC、朴素贝叶斯。

(3) 主题模型：PLSA、LDA。

(4) 协同过滤：USER-BASED、ITEM-BASED。

(5) 回归：逻辑回归。

（6）机器翻译：SMT、EMBT。

（7）其他：PAGERANK 网页排序、ALS 矩阵分解。

（2）数据主题 OLAP 多维模型。OLAP 是指联机分析处理，当业务出现问题且与多个数据关联时，启动联机机制，访问多个维度的数据进行联合分析。通过不同维度数据的汇总、聚合、关联分析，允许相关业务人员对数据进行多方面的深入分析，实现问题的快速定位、信息的深入挖掘、特征的广泛提取，实现财政部门工作人员传统的单一原始数据观测向多角度数据联合观测的转变，对有用信息进行快速、交互、稳定的可视化展示。OLAP 的目标是拓展数据维度属性，多角度广泛展示决策有用信息，提高决策的科学合理性。

OLAP 主要解决的是数据中数据指标——"维"这个问题，因此也可以将其称为数据多维分析方法。它基于数据的多维切片模型，把平面的数据转化为立体的数据，是数据维度层次上的提升，观察者从不同的角度观测会得到不同的信息。

数据立方体是由维度和事实组成的。维度是指财政工作人员对数据进行观测的角度，是解决问题时的思维惯性，单维度思考问题是大多数人的思维习惯。在多维数据模型中每一个维度都有一个维度表与之对应，维度是对当前维度的进一步描述，维度表包含当前维度的一些属性字段。例如，在销售额数据仓库中，有时间维、地域维、商品维。商品维度表包含商品的属性，如商品名称、品牌、类型等。

在多维数据模型中一般是围绕一个中心主题进行组织，如销售额模型就是围绕销售额主题进行组织。与这个主题对应的是事实表。事实表包含的内容都是数值。例如，在销售额模型中，事实表包含销售额（卖了多少钱）、销售量（卖了多少件）等，可以将表格转换成如图 4-23 所示的立方体形式。

OLAP 多维数据分析方法：

（1）二维切片（Slice）和三维切块（Dice），根据数据的需要，在三维的数据立方体中，可以进行二维切片与三维切块。例如，可以按照时间进行二维切片操作，获得第一季度的销售额，还可以按时间和地域进行三维切块操作。

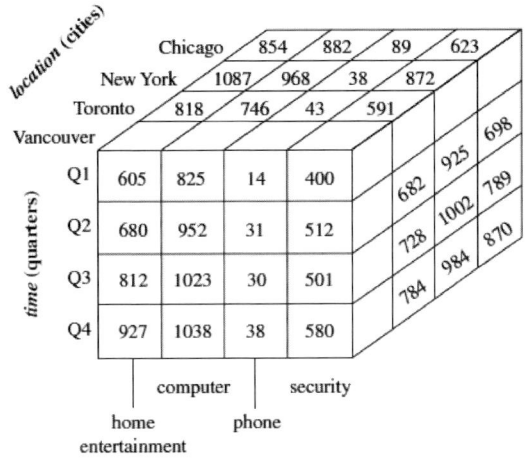

图 4-23 OLAP 多维数据分析

(2) 向下钻取 (Drill-down): 在某个维度上按层次展开, 如图 4-23 所示, 在时间维度上由季度展开到月份。

(3) 向上卷叠 (Roll-up): 与向下钻取相反, 是在某个维度上按层次进行合并, 如图 4-23 所示, 在地域维度上将城市合并成国家。

(4) 转轴 (Pivot), 通过旋转可以得到不同视角的数据。

(5) OLAP 同时提供数据处理与分析的能力, OLAP 计算引擎提供计算比例、均值、方差等功能。OLAP 可以在任何维度的任一层次上进行累加、聚合等操作, OLAP 还提供模型进行预测、趋势分析、统计分析等。OLAP 是一个强大的数据分析和决策支持工具。

4.4 财政数字化转型建设思路研究

4.4.1 紧扣业务应用需求，充分利用类似系统的业务技术积累成果

财政数字化转型平台的开发工作并不是简单地满足相关需求即可，更重要的是要全面深入地了解系统的使用特征、应用环境，熟练应用开发工具，并在已有系统的基础上进行合理设计，才能真正满足用户需求。

PPP 研究所已开发了类似财政数据管理中心的门户网站，可有效升级指导业务应用软件系统的规划设计、项目组织管理、系统应用实施、运行维护

服务等工作，为财政数字化平台建设工作的顺利实施奠定坚实的基础。

4.4.2 把握业务与技术的发展趋势，保证软件设计的前瞻性

随着国内财政数据网站的不断发展和软件应用的深入、相关信息化建设工作的推进，以及信息化技术的不断进步，大幅度改善了基础设施环境。虽然架构选择和技术实现方案首先要满足当前的业务应用需求和技术要求，但在开发工具的具体选择与功能实现上，必须兼顾未来升级的趋势，才能全面保证用户利益。

4.4.3 坚持产品化的系统设计与实现

财政数字化平台所建系统是面向财政各相关单位的业务应用、数据管理软件系统，采用统一、规范、纵向垂直管理、横向互通互联的管理模式，实现横向到边、纵向到底的业务信息管理与应用。然而，各级、各地由于所在地区的经济发展不平衡，基础设施差距很大，所以，系统在部署与操作方式上存在很大差别。财政数字化平台所建系统必须提供足够的灵活性，具有个性化定制能力，才能满足需求（见图4-24）。

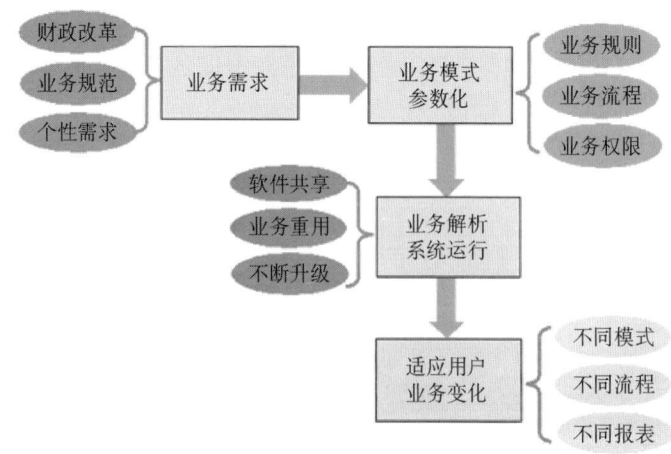

图4-24 财政数字化平台业务使用模式

为此，财政数字化平台的设计与实现，需要在全国推广并进行实践检验财政业务管理软件系统及财政数据中心项目管理系统。我们将在财政数字化

平台的系统设计与实现过程中，继续坚持产品化的系统设计与实现思路，确保项目建设与实施成功。

4.4.4 以经过实践检验的成熟产品为基础进行设计开发

由于财政数字化平台的庞杂性、业务改革的不确定性，因而，所需提供的决策信息也具有较大的不确定性、易变性。我们在所有外包服务的企业产品设计过程中充分考虑了财政行业应用系统建设工作的这一特点，通过灵活的功能与数据配置、流程定制，可有效满足各类需求。

目前，已在项目管理、金财工程应用支撑平台、部门预算管理、预算指标管理、国库支付管理、预算执行管理、项目库管理、资金专户管理、集中会计核算管理、决算管理、业务监督预警、财政绩效评价管理、财政一体化管理、统计查询与报表、分析决策、数据交换等方面具有非常成熟的产品体系。利用这些经过实践检验的成熟产品作为财政数字化平台的系统设计与开发的基础，可有效满足系统建设要求，保证系统建设工作切实可行。

4.4.5 建立数据资源管理机制

财政数字化平台将确定数据仓库模型，建立元数据管理机制，以及数据的清洗、转换、装载机制。通过数据资源管理机制，将不同来源的业务数据最终存储到数据仓库，作为统计查询、业务监督预警、绩效评价、分析决策的数据源。首先，梳理现有的财政数字化管理业务，根据目标和阶段划分，确定数据建模的范围。然后，按业务主线对业务进行分类、聚合、抽象，形成业务分析主题，确定主题数据之间的关系。最后，对业务主题进行逻辑建模，选择合适的技术工具进行物理建模，从而确定数据仓库的整体模型。

在此基础上，整理现有系统元数据，建立元数据库。财政数字化平台将坚持目标驱动的原则，采取增量式、渐进式的方式，建立元数据管理机制，以存储和维护元数据库中的元数据，以及数据仓库建模工具、数据获取工具、前端工具等之间的消息传递，并协调各模块和工具之间的工作。

在现有业务数据的基础上，按照财政数字化平台的数据标准，对数据进行抽取、清洗、转换，并按照数据分析的要求，对数据进行元数据切片处理，进而建立数据仓库。

4.4.6 建设综合查询分析模型体系

根据不同系统用户的需要，综合查询分析解决方案分为报表查询、OLAP（在线分析处理）应用、数据挖掘三部分。

由于分析目标的不同，对报表的处理、展现的要求也有所不同。对于特殊查询分析、简单查询，将采用报表工具进行处理、展现。根据浏览者的经验、关注重点，将生成不同样式的报表，以帮助业务人员迅速判断出当前数据有无异常。对复杂的业务数据分析操作，将采用基于数据仓库的OLAP，根据分析目标来建立多维分析模型，从同一主题的不同角度，快速灵活地对数据仓库中的数据进行复杂查询和多维分析处理。通过钻取、切片、切块、旋转的方式，对维度进行灵活组合，帮助业务人员对数据内在规律进行分析，查找问题原因。

另外，引入数据挖掘机制，采用人工智能技术和先进的统计分析方法，制定合适的挖掘算法，对不同来源的业务数据进行评价、选择、分析，使数据分析智能化，并为决策提供更有价值的信息。

5 财政数据特征挖掘研究

5.1 基本统计

5.1.1 基本统计的概念介绍

最大值：一列数中的最大值。通常使用的语法是 Max（ ）。

最小值：一列数中的最小值。通常使用的语法是 Min（ ）。

百分点：1 个百分点是指 1%，是用来表达变动幅度的一个变量。

频数：绝对数，是一组数据中个别数据重复出现的次数。

频率：相对数，次数与总次数的比。

比例：相对数，用来表达统计中常用的样本一部分所占有的总体比例。一个常见的例子是：男生比例可以写作 20:40。

比率：相对数，这是一个用来表达不同类别之比的数字。举个例子：这个学院的男女比率是 2:1。

倍数：相对数，使用其中一个数字和另一个数字直接相除所得的商。简单的例子：x/y = z，这个式子可以解读为 x 是 y 的 z 倍。

番数：相对数，是指现有的数字是之前数字的 2 的多少次方，简单的例子：翻一番，这个数字变成了原本的 2 的一次方倍，翻两番，这个数字变成了之前数字的 2 的两次方倍。

同比：相对数，是指当前时期的统计内容的值和上一个统计数据的计时周期同时期进行比较。一个例子是使用今年的 7 月份的内容和 5 年 7 月份的统计内容进行对比。

环比：相对数，指当前统计期与前一个统计期的值进行比较，如今年 2 月与今年 1 月相比是环比。

5.1.2 基本统计在财政分析中的应用介绍

基本统计分析在财政分析中应用非常广泛，通常用于各省份财政指标对比，年度数据统计等。接下来举两个例子说明。

5.1.2.1 各省份排名统计

以自"十二五"以来（2011—2016 年）对国家财政财力贡献额度为例，以最大值、排名、占比等基本统计分析为方法，介绍各省财政贡献情况。

经过简单的统计分析，在我国现在所有的 31 个省份中，仅有 9 个比较发达、富裕的省份对国家财政发展在财力上做出了实质的贡献，按贡献额度进行非常简单直接的降序排序，依次为：北京市、广东省、上海市、江苏省、浙江省、天津市、山东省、福建省、辽宁省。在 2011—2016 年 6 年的统计数据中，上述发达富裕的 9 个省份就为国家的财政共贡献了近 15 万亿元。可以看到，在这 9 个省份中，除江苏外，或者是直辖市，或者是包含有计划单列市，其中北京、广东、上海、江苏、浙江 5 省（市）贡献了约 90%，天津、山东、福建、辽宁 4 省（市）贡献了其余的 10%。北京、上海是直辖市，经济体量较大，加之本身经济发展水平高，因此贡献较多。另外，广东、江苏和浙江三省属于沿海的发达省份，靠着改革开放红利，成为中国经济发展水平最快也是最高的 3 个经济体量极大的省份，对国家财政做出的直接实质性的贡献也相对其他的省份更多。

需要注意的是，在所有 31 个省份中，占据了大多数疆域的 22 个省份今天仍然需要中央财政持续提供财政资金净补助，简单地按获取的补助额度升序进行排列为：海南、山西、宁夏、重庆、陕西、吉林、河北、湖北、青海、云南、西藏、江西、安徽、内蒙古、新疆、甘肃、广西、湖南、黑龙江、贵州、河南、四川。仅在2011—2016年6年之内，这22个省份共获中央财政补助高达12万亿元。这些地区经济发展相对落后，即使本地所有国税、地税以及非税收入留归本地使用，也不足以填补其财政支出，还需要中央提供额外补助。上面列举的各个省份获得的补助额度差异巨大，部分已知的原因是：每个省份的人口规模都不一样，有的多、有的少，每个省份的经济发展水平也不同，有的先进、有的落后，有的适合发展经济、有的不适合发展经济。同样可以举个例子，众所周知的四川省和河南省都是人口规模非常庞大的省份，而可惜的是他们的经济发展水平相似度低，所以各省市之间获得的中央补助资金额度差异也就较大。

一个简单的计算是使用几个财力贡献省份不断贡献的庞大财力，直接减去中央对那些落后的需要帮助的补助省份提供的巨大补助财力支持，简单计算得到。中央财政在2011—2016年共获取近2.6万亿元的净财政收入，这笔金额完全足够安排中央各部门的财政支出。若根据2011—2016年不同年度观察收入状况可以发现，中央财政在各省份所获取的净财政收入分别为4034.28亿元、3033.16亿元、4665.65亿元、5412.39亿元、5339.20亿元、4262.09亿元。净财力在各年之间有所波动，一是受经济发展状况波动的影响，二是受中央的积极财政政策力度所影响。同时需要注意的是，对于中央而言其安排财政支出的财力来源，除各省（市）贡献的净财力贡献之外，还包括海关代征税收净收入、国债收入等。

5.1.2.2 经济运行统计案例

以2011年国家财政运行为例，以同比、环比、基本统计分析为方法，介绍某省和某市财政运行情况。

2011年，该省财政总收入完成401.36亿元，为年度任务的100.34%，比2010年增长31.75%，增收近100亿元；该省份虽然不太发达，实际财政收入只有很少的187.14亿元，却完成年度任务的101.35%，这些收入是预算之上的106.32%，同比该省份上年不乐观的情况增长了37.3%，增收了51亿元。另外，地方财政支出完成了令人惊讶的277.43亿元，同比之前的支出情况来说增长了 35.67%。

某市本级一般预算收入完成了 67.20 亿元，同比增长了 34.77%，加上级转移支付补助 7.21 亿元、区县上解 8 亿元，动用上年结余 43 亿元；减上解省支出 3 亿元；市本级实际可支配财力为 83.72 亿元。该年份一般预算中直接可计算的支出完成了 97.47 亿元，减去省下的专款数目后达到 58.04 亿元，另外的处理是可以剔除掉指定用途的一般性转移支付的资金流动以及结转下年上级的那些专款达到 0.03 亿元，加上下区专款 40.7 亿元，实际的支出为 80.11 亿元，是预算的 99.99%，同比增长 27.4%。另外，年终滚存的结余资金数目达到了 3.61 亿元。该市的最终资金较好地完成了全年财政的经济状况收支平衡目标。

该市的财政基金简单预算收入为 69.44 亿元，外加考虑到上级补助的部分资金达到了 6.6 亿元，另外减去的城市用于补助落后发展所需要的下级资金高达 25.1 亿元，最后加上城市于上一年度结余的资金达到了 37.59 亿元，基金预算的可用财力资金为 88.52 亿元，最终完成了基金预算支出资金 76.82 亿元，基金预算结余资金 11.71 亿元。该城市的本级国有资本经营的这一年的实际预算收入是资金能够达到巨大的资金数目 4484 万元，而上一年度城市的结余资金达到了 2214 万元，另外这个城市可用的国有资本经营预算财力达到 6698 万元，城市总支出在该年度达到 1468 万元，年滚存结余为 5230 万元。

5.2　集中趋势

集中趋势又被称为"数据的中心位置""集中量数"，是一组数据的代表值。集中趋势类似于平均数，能够代表总体的某一特征。对一组变量数列来说，较为稳定的数据通常会以平均值为中心而上下浮动，这样一来我们就可以简单地认为平均数这一重要参数其实反映了数据总体复杂分布中的集中趋势，我们可将该平均数看作总体样本分布分析的过程中常用的特征值。我们在处理变量数列时，如果我们能够了解其平均数是什么，就可以尝试裂解这些复杂的总体样本，了解其集中趋势以及显著特征。在统计分析中，集中趋势的判断通常使用简单的平均数、中位数和众数等统计量，这些也是对于常见的社会经济现象进行描述的重要统计指标,可以预见的是这些不同的特征量在应用于各种不同类型的分布数列,将会具有各自不同的测定方法。

5.2.1 平均数的原理介绍

使用数据简单的求和结果直接除以数据个数,一般常用的基本计算方法是 Average（　）,另外,可以根据计算方法不同将平均运算分为算术平均数、几何平均数、调和平均数等。

算术平均数是使用所有观察值的总和除以观察值数目之后的结果,这既是关于集中趋势的测定最重要的一种方式,也是在实际工作中应用最广泛的平均数。算术平均数通常分为简单算术平均数和加权算术平均数：

算术平均数 = 总体标志值（变量值总量）÷总体单位数目（变量值个数）

调和平均数是用变量的值 X 得到的变量的倒数再计算得到的算术平均数的倒数,所以人们一般也把它叫"倒数平均数"。调和平均数也通常分为加权调和平均数和简单调和平均数。

简单调和平均数的计算公式为：

$$H = \frac{n}{\frac{1}{x_1} + \frac{1}{x_2} + \cdots + \frac{1}{x_n}} = \frac{n}{\sum_{i=1}^{n} \frac{1}{x_1}}$$

几何平均数。通常称为几何均值,计算方法是利用 n 个变量值去计算乘积之后再计算 n 次方根。根据统计资料的不同,几何平均数也通常分为简单几何平均数和加权几何平均数。

简单几何平均数：

$$G = \sqrt[n]{x_1 \cdot x_2 \cdot \cdots \cdot x_n}$$

加权几何平均数：

$$xG = \sqrt[\Sigma f]{x_1^{f_1} \cdot x_2^{f_2} \cdot \cdots \cdot x_n^{f_n}}$$

5.2.2 四分位数的原理介绍

四分位数是三个数,将数据从小到大排序,第 25% 个数,第 50% 个数以及第 75% 个数合称四分位数。计算方式为 np. percentile（nums,（25, 50, 75）, interpolation = 'midpoint'）。

分位数是指将得到的全部数据进行升序排列，根据顺序定义各数据所处等分位置。简单的例子，如果数据集中排序后，其中的某个数能够把全部数据分成相等的两等分，这个数字就是这一组数据的中位数；如果需要四等分位置的数字，那么得到的那些数字就是四分位数；如果我们进行八等分，那么得到的那些数字就是所谓的八分位数。这里定义的四分位数也叫作四分位点，这些数据点的值将全部数据分成了数据量相等的四个不同的部分，每个不同部分都包括25%的数据，而处在各分位点上的那些特殊的变量值就是所谓的四分位数。一组数据中实际上有三个四分位数能够符合上面的定义，而人们通常所谈论的那个四分位数通常是指第一个四分位数的值，也把这一特殊的值叫下四分位数，而剩下的两个数就是所谓的中位数和上四分位数，可分别使用简单的字母 Q1、Q2、Q3 来表示。

　　这里的第一四分位数（简称 Q1），也被称为"较小四分位数"，获得方式是所有数值在进行升序排列之后的位于第 1/4 的那个数字就是第一四分位数。

　　这里的第二四分位数（简称 Q2），也被称为"中位数"，获得方式是所有数值在进行升序排列之后的位于第 1/2 的那个数字就是第二四分位数。

　　这里的第三四分位数（简称 Q3），也被称为"较大四分位数"，获得方式是所有数值在进行升序排列之后的位于第 3/4 的那个数字就是第三四分位数。

　　有一个比较重要的值就是第三四分位数和第一四分位数之间的简单的差值被称为四分位距（Inter Quartile Range，IQR），是一个非常重要的统计量。

5.2.3　众数的原理介绍

　　众数（Mode）是指在样本数据的统计分布上，能够明显看出集中趋势的那个数据点的真实数值，一般用来帮助理解表征数据的表现水平和呈现方式（在一组数据中通常可以有很多个不同的众数或者甚至直接不存在众数）。一组样本统计数据中出现次数最多的那个数值就是众数，这里定义的众数在一组统计数据中甚至可能存在好几个，我们一般使用 M 来表示众数。

5.2.4 集中趋势在财政分析中的应用介绍

集中趋势通常用于体现整体水平，在收入水平统计中应用广泛。

众多的媒体总喜欢谈论平均收入，通常人们普遍认为平均收入的数字太高了。事实上，各个城市的平均收入在各种统计数据中并没有膨胀，但确实不能解释真实情况。真实情况应按一般收入计算。所谓的"一般收入"是指人群中最多数人的收入水平，而不是所有人的"平均收入"这一大多数人的实际工资达不到的水平。

以2016年济南平均月薪6067元为例，这事实上已经是济南的较高收入，这一数值与各招聘公司给出的平均工资水平和求职者提供的实际数字并不符合。在济南人的心目中，去掉乞丐和富人，济南人的平均收入大约是4000~5000元。69.5%的济南人工资在2000~6000元，这其中更有48.8%的人工资在2000~4500元。

2016年度，对北京而言，高薪群体同样大大拉高了整体工资水平。月薪超过1000元的人的确常见，占总体的26%。也就是说，北京人每月收入超过1万元，相比之下济南就很少有这么高收入的人群。然而在首都北京，最常见的工资实际上是在4500~8000元，人群中大约37.2%的人工资处于这一中间水平，另外也有大约23.3%的人月薪甚至低于4500元人民币。相比之下，北京各阶层的收入分配相对平衡。

5.3 离散趋势

离散趋势通常是用于描述统计数据的观测值如何偏离中心位置及其偏离的趋势。作为数据分析常用的简单统计量，这一指标可用于直观反映整体观测值关于中心偏离的分布情况。

5.3.1 极差的原理介绍

极差指的是一组统计数据中最大值和最小值之间的简单差值，也可叫作全距。计算公式为：

极差 = 最大观察值 − 最小观察值，

极差的计算过程和定义比较简单,但缺陷在于忽略了数据中可能存在的全部观察值之间尤为重要的差异,这一指标实际上只考虑了简单的数据最大值和最小值这两个参数。比如两组数据有相同的最大值和最小值,离散的程度相当不一致,但却具有相同的极差。显而易见,极差能够反映的仅是该组数据的最大离散值,通常反映一组数据实际的主体离散程度,所以极差作为最简单的变异指标通常只用于一般预备性检查。

5.3.2 方差的原理介绍

相较于极差,方差更适合帮助衡量随机变量或目标数据之间的主要离散程度。在概率论中,方差通常是用来直接度量一个随机变量及其严格的数学期望值之间的偏离大小程度。在统计中,使用每一个样本值与样本整体算术平均数之差的平方值的平均作为方差。在许多实际问题都可以利用方差研究偏离程度。

以统计描述为例,方差描述了具体样本观察值与总体平均值之间的差异。同时利用平方的平均以避免出现一种正反离均差相互抵消导致有用信息总和为零的状况,而简单使用离均差平方计算的总和实际上又受到样本总数目的变化影响而并不稳定,所以选择使用平均离均差平方这一通常在统计上广泛被采用来描述随机变量的变异、偏离期望程度的统计量来达到目的,也就是所谓的总体方差。计算公式如下:

$$\sigma^2 = \frac{\sum (X - \mu)^2}{N}$$

其中,σ^2 是样本总体方差,X 是随机变量,μ 是样本总体均值,N 是样本总体数目。

在实际工作中,样本总体均值可能是未知的,这时可以使用样本统计均值代替总体参数,即样本方差可写作:$S^2 = \sum \frac{(X - \overline{X})^2}{n - 1}$

其中,S^2 是样本方差,$\overline{X}$ 是样本均值,X 是随机变量观察值,n 是样本数目。

5.3.3 标准差的原理介绍

标准差(Standard Deviation)在生产和统计分析事件中又叫作均方差,

一般性的定义为简单样本的离均差进行平方之后计算的算术平均的平方根,通常使用希腊字母 σ 来表示。这样一来,这里的标准差也是上面定义的方差的算术平方根,对数据之间的离散程度用标准差来反映。而可以预见的是,即使平均数相同的两组不同数据样本,它们的标准差不一定相同。标准差可以按照这里所列的公式进行计算:

$$\sigma(r) = \sqrt{\frac{1}{N}\sum_{i=1}^{N}(x_i - r)^2}$$

5.3.4 离散系数的原理介绍

离散系数通常也称为变异系数,在统计学中,这也是个常用的统计指标。这一统计指标在实践中主要应用于比较两个或者数个不同样本数据的离散程度是否接近或者相同,也就是通常所说的用来测度实际数据的离散程度。通常我们得到数据的离散系数和数据实际上的离散程度呈现出正相关关系。离散系数定义为:

$$V_s = \frac{\sigma}{X}$$

鉴于标准差只能度量数据组中所有点对于简单均值的偏离程度,实质上表示了所有数据的距离中心的离散性的大小程度。如果我们想要比较的其实是两组不同数据之间的离散程度的大小,这时候直接使用两个数据集的简单标准差来进行比较就显得不太合理。

例如,某一总体标准差为5,均值为50。假设有另一总体标准差为10,均值为1000。假如直接比较二者的标准差,后者是前者的2倍,似乎前者的分布更集中,而后者的分布更分散。然而事实上,前一总体的偏离水平标准差是其均值的1/10;后一总体偏离水平标准差是其均值的1/100,后者更为集中。显而易见,关于不同数据组的总体分散程度的准确衡量,还需要仔细考虑更加合理、更符合实际需求的统计指标,即标准差与其简单均值的直接比值大小,这一比例在统计上也被称为变异系数。事实上,这里得到的变异系数甚至消除了实际中的测量尺度和量纲的不良影响,其比值本身甚至并没有具体的量纲,这一有用的统计量能够有效地将需要的信息按照样本简单平均数的实际大小进行标准化处理,以便后续关于不同测量尺度样本之间进行比较。

5.3.5 离散趋势在财政分析中的应用介绍

离散趋势代表着差异情况,在财政运行中通常用来衡量贫富差距。

根据收入水平的不同,可以将全国人口等分为五个群体进行进一步的调查。就 2016 年而言,仅仅中国收入水平最高的前 1/5 的人群每年的平均可自由支配收入高达 59259.5 元,这一数据远远超过剩余的 4/5 的"贫困的"普通收入人群。另外,对于那些位于第二梯队所谓的中上收入群体而言,2016 年平均可自由支配收入其实也只有比较少的 31990.4 元,仅为高收入群体的收入一半左右,而对于那些收入在最低的 1/5 的那些"贫困"的人群,年平均可自由支配收入在 2016 年仅为 5528.7 元,甚至还不到高收入人群收入的 1/10。

对绝大多数人而言,主要收入来源是工资,于是我们可以研究平均工资水平在不同行业的变化。根据《中国统计年鉴》行业划分标准,自从改革开放以来,人均工资最高的行业有电力、天然气、矿业、金融和信息计算机软件业等。

根据 2017 年国家统计局数据,我们可以看到以下五个省区市的人均可自由支配的收入是最高的:上海、北京、浙江、天津和江苏,以下五个省区市的人均可自由支配的收入是最低的:青海、云南、贵州、甘肃和西藏。在上面的这些省市中,收入最高的上海市人均收入为 58987.96 元,而最贫穷的西藏自治区人均收入仅为 15457.9 元,可以非常明显地看到不同省市之间的收入差距非常明显。

5.4 数据分布

5.4.1 数据分布原理介绍

我们这里所说的数据分布原理就是利用以下常用的数据中的五个统计量进行数据分析汇总:最大值、三个四分位数、最小值,通常也会基于数据位数来对我们得到的数据进行简单的分层(见图 5-1)。

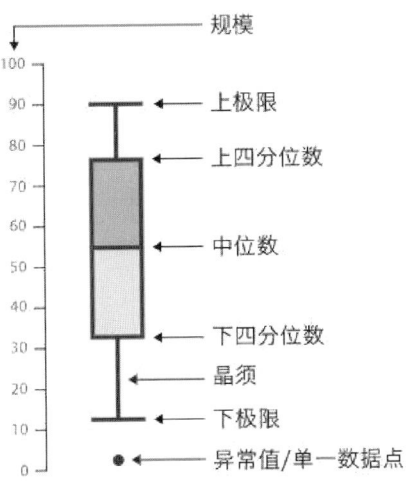

图 5-1 箱线图数据分层

基于基本数据分析规则，包括版面数据的集中（均值、众数）趋势统计、离散（方差、极差、标准差）趋势统计、分布趋势，以及时序数据的时间趋势、线性预测等方法，实现财政资金分布情况、经济运行情况、项目运行情况、考核情况等的大数据统计分析。

我们得到的数据分布通常可以使用经典的偏度和经典的峰度这两个系数来帮助我们进行理解和衡量。

5.4.1.1 偏度系数介绍

这里的偏度（Skewness），通常用于帮助度量表面上毫无规律的统计数据分布趋势中的数据偏斜方向和大小程度，偏度在统计数据分析中测量数据不对称程度的应用上，属于比较简单好用的数字特征，通常也叫作偏态、偏态系数。

正态分布是个对称的分布，其偏度为0，均值两侧分布完全对称。如果使用 bs 来表示偏度，可以简单地理解 bs<0 的时候则代表该分布是有负偏离的分布，也通常叫作左偏态的数据分布，此时更多数据会位于均值这一数字的右边位置，此时左边分布曲线的尾部通常要比右边分布曲线的尾部更长；而 bs>0 时，通常把样本的分布称为正偏离的分布，也可以叫作右偏态的数据分布，此时更多数据会位于均值这一数字的左边位置，此时右边分布曲线的尾部通常要比左边分布曲线的尾部更长；另外一种情况是当 bs 接近于 0 时，可以认为分布是对称的。假如知道样本分布为有偏的正态分布，一般右偏时：算术平均数＞中位数＞众数，左偏时：众数＞中位数＞平均数，而无偏的正态分布可以认为三者是实际上相等的。

5.4.1.2 峰度系数介绍

峰度（Kurtosis）也叫峰态系数，是用于描述概率密度分布曲线在接近平均值时峰值高低程度的数量特征，峰度反映了峰部的尖锐程度。对一个样本而言，其峰度通常是和标准正态分布比较得到的统计量，若峰度大于 3，峰比正态分布峰要尖锐。其表达式为：

$$bk = \frac{\frac{1}{n}\sum(X_i - \bar{X})^4}{\left(\frac{1}{n}\sum(X_i - \bar{X})^2\right)^2} - 3$$

这个公式里面的 bk 为峰度，而 X_i 这个字母是样本的测定值，$\bar{X}$ 是针对样本所有的 n 次测定值的简单平均值。一般而言，正态分布的峰度为 3，而我们得到的数据峰度其实是以正态分布作为参照来描述具体数字分布关于均值附近分布形态的陡缓变化的大小程度，如果得到的 $bk<3$，就认为数据分布的峰度不足够尖锐，若得到的 $bk>3$，就认为数据分布比起正态分布过于尖锐即峰度过度。此外如果数据的实际分布有可能是正态分布在简单的峰度偏离之后的普通分布，也可以简单借助峰度来检验这个分布到底是不是真的接近正态分布。

由均值不等式易得峰度的取值范围：不小于 1，不大于数据的个数。这其中有一些典型分布的峰度值得特别关注。例如，正态分布的峰度为 3，均匀分布峰度为 1.8。在实践中，这两个典型的分布曲线被时常用作评价样本数据序列分布性态的参照。即如果先把数据标准化，那么样本的峰度就相当于标准化之后的数据序列的四阶中心矩。这么一来，在标准差相同时，峰度系数越大的样本，极端值越多，则样本的其他的值需要更加集中在众数周围，该样本的分布就自然更加陡峭。

5.4.2 数据分布在财政分析中的应用

在 2019 年，中国有多达 14 亿的人口，在这庞大的人口中有 2.5 亿的人数已经是60岁以上的老人了,其中有着3.3亿不到20岁以下的人口,最主要的人口都是分布在20～60岁的8.2亿人口。可以简单在这个人口比例下建立一个易于理解的单个家庭简单的模型,举个例子就是家里处于20～60岁有赚钱能力、能够为家庭贡献收入的设置为1人,其他的没有收入能力即20岁以下和60岁以上的人需要依靠别人的努力工作来维持生活,分别设置为0.4和0.3。

(1) 收入处理。这里的收入指的是税后的收入,对于工薪阶层而言是税后减掉房租的收入,因为把支付的房租计入收入毫无意义,对于在小城市住自己家的人,可以视为把房子出租给自己,这一收入也不会被记入。如此一来,为统计税前收入,可以简化作:税前收入等于统计收入的两倍。

(2) 收入转化。尝试理解如何把家庭人均收入转化为实际上有效的个人收入,例如在典型的中国普通家庭中,进行统计收入时应该把那些没有收入能力的人口排除在外,即当考虑人均收入的时候,还原为20～60岁人的平均收入比较合理。该年龄段的人均收入是所有人平均收入的1.7倍。故可以把统计值乘上3.4作为20～60年龄段的近似人均税前收入。

(3) 收入分析。统计数据显示当一个中国普通家庭人均收入达到1300元的时候,他们已经超过了中国另外1/2人口的收入水平。如果按照上面提到的收入转换方法将这一收入换算为20～60岁的平均税前收入水平,就是:$1300 \times 3.4 = 4420$元,也就是说如果一个中国普通家庭中20～60岁的成员的收入平均值能够超过4420元时,家庭收入水平才真正地超过了全国一半的普通家庭收入水平。另外,中国普通家庭人均收入达到3000元,能够超过全国4/5普通家庭的收入水平,同理需要有效付出的家庭成员平均收入水平是:$3000 \times 3.4 = 10200$元。

(4) 结果解读。对于大部分人来说,达到人均收入并不是一件容易的事情,这是因为平均收入代表了至少前20%甚至前15%的人的收入水平,平均收入并不代表人数上的平均,只有不到20%的人的收入高于平均水平。于是中间这些30%的人,就处在一个很尴尬的位置:超过大部分人,却没有达到平均收入水平。

(5) 结论说明。对于我国25～40岁的普通年轻人来说,如果不去考虑原生家庭背景收入的巨大差异,并且这个家庭成员都能够挣钱的情况下,家庭税前平均收入需要达到不低于6500元的水平,才能高过全国一半的普通家庭收入,如果想要达到全国平均收入水平的话,家庭税前收入就至少达到17000元。

(6)结论推算。综上所述,更加真实的信息其实隐藏在家庭人均收入之后:对于20~60岁的人,有15%即约1.2亿人税前收入超过1万元,有5%即约0.4亿人税前收入超过1.7万元,有0.6%即约480万人税前收入超过3.4万元。

5.5 影响因素

5.5.1 影响因素分析方法介绍

PAC主成分分析:这是一种用于多元统计的方法,以考察实际中多个变量之间错综复杂的相关性,揭示数据之间不明显的内部关键结构,方法上一般从原始变量出发,聚焦比较重要的少数几个主成分特征,试图从庞杂的原始数据成分中导出那些比较重要的少数几个清晰的主成分,并且尽量保留数据原始的变量信息,除此以外还需要这些主成分之间应当保持相互独立。在数学上常用的有效处理办法是:尝试把可能相关的P个指标进行简单的线性组合,并将其结果作为互相独立的综合指标进行处理。

T-test显著性检验:这一方法通常主要用于检验两个总体标准差σ未知的正态分布,通过检查概率差异的显著性,说明两个分布的平均数是否有显著的差异。通常来说,当P值大于0.05时,说明两列数据平均值差异显著,互相影响不显著;P值小于0.05时,则两列数据平均值差异不显著,相互影响就会显著(见图5-2、图5-3)。

关于如何利用大数据算法分析财政数据的特质和问题,需要追溯隐藏在背后的原因。首先,借助T-test显著性检验,判断地区、经济水平、行业等因素与财政数据是否有显著性影响。其次,使用影响显著的因子进行PAC主成分分析,深入挖掘财政相关数据的主要成分。最后,使用相关性算法,建立地区、经济水平、行业与财政预算、决算、执行效果等的相关性关系,对未来财政资金决策提供依据与指导。

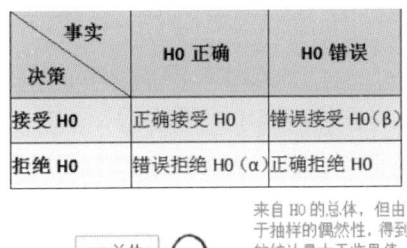

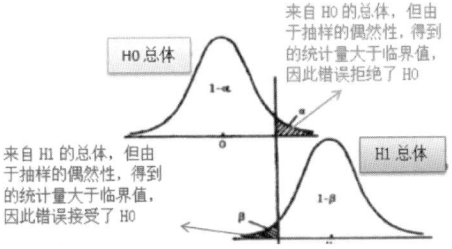

图 5-2　T 检验数据显著性判定示例图

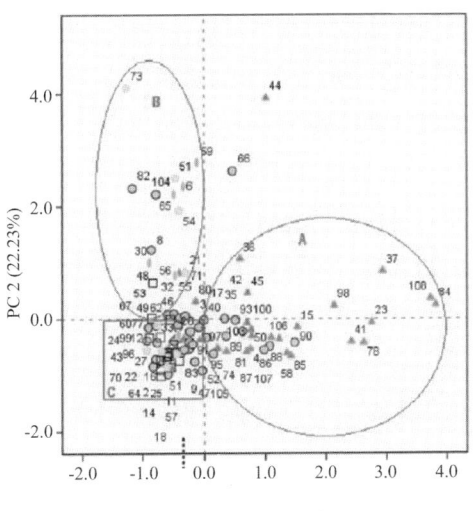

图 5-3　主成分降维分析示例图

5.5.2　财政影响因素分析中的应用[①]

影响因素分析在财政运行中起巨大作用,例如对 GDP 增长因素进行分析,有利于国家快速、稳定发展。

一个国家一定时期内的经济增长,一般通过计算本期 GDP 和基期 GDP

---

① 《消费、投资与进出口对各国 GDP 增长的贡献》

之差获得，在凯恩斯提出的简化三部门模型中，GDP 的来源被分为三部分：C（消费）、I（投资）、E－M（贸易差额）。把这三个部分当作内生因素，其他所有影响因素都当作外生因素。经济增长反映于量化 GDP 时，就可以从消费、投资与贸易差额出发，寻找实现经济增长的源头。

第一种模式是投资拉动经济发展。长期以来，对中国而言，发展依赖于大量投入要素，即投资拉动经济发展。最为典型的例子就是，在两次金融危机中，中国政府为了促进经济增长，加大了投资力度。这一发展模式下，中国逐渐变成世界工厂，生产了过多的缺乏竞争力、不能适应市场需求的产品。从现状可以发现，我国足有高达 220 种工业产品能够在全世界为数不多的 500 种主要工业品中产量位居第一，但是这些产品往往会由于竞争力的缺乏十分容易被取而代之。

第二种模式是消费需求拉动经济，也是中国政府期望的经济发展模式。在 2012 年，中国经济成分中消费需求的贡献，逐步超过了投资需求对经济增长的贡献，即中国服务业增加值占 GDP 的比重超过了第二产业工业。这使得部分学者草率地下定结论：中国经济发展模式无论是实质上还是表面上都已经发生了根本性的转变。然而事实上，中国经济发展模式是否已经发生了转变还需要进一步的观察。主要原因是，中国目前的统计制度还不十分完善，长期以来统计上有很多服务消费没有被列入其中，正处于由暗转明的过渡时期。理论上来讲，中国即将进入中等收入国家行列，国内的中产阶层预计有 3 亿人以上，具有巨大的消费潜能。根据《中国统计年鉴（2015）》的统计数据，中国每年的因私出境人数持续上涨，在 2014 年，已经达到 1.1 亿人次，这其中消费主要包括住宿、购物、餐饮、游览等，经济规模超过千亿美元。然而，中国的社会保障体系相对滞后，国内各类消费品质量低下、商品安全没有保障，尤其是食品和药品，这使得越来越多的国民选择外贸商品，使得中国消费需求对经济社会的积极作用发挥有限。近年来，政府会议明确提出实施食品安全战略，这使得经济增长贡献中消费占比明显加大，对发挥国内消费需求拉动经济增长功能具有良好的促进作用。

第三种模式是对外贸易驱动的经济发展模式。即经济发展主要依赖净出口，这种主要由对外贸易驱动的经济发展模式，需要生产的产品具有更强的竞争力。对于小的经济体而言这一发展模式相对容易实现，例如新加坡、中国台湾等。对于大的经济体而言，这一模式却是不可持续的。当前我国处于新的发展时期，需要转变国民生产总值（GNP）为国内生产总值（GDP）理念。在经济全球化的大背景下，中国也会像很多老牌发达国家一样，越来越多的企业成为跨国企业，遵循着产业国际转移的规律，逐步提升国际分工地位，掌控研发、设计、专利、销售等企业运转核心流程。

6 财政数据机器学习建模研究

6.1 财政数据预处理

6.1.1 去除不需要的字段

每一步清洗删除之前做好备份,或者在小规模数据上试验成功之后,再将其应用于全量数据,避免误删(见图6-1)。

证券代码	证券简称	市盈率3 无法进行统计分析的字段	货币资金3	资产总计3	流动负债合计3	负债合计3
000509.SZ	华塑控股	-78.0105	103,565,095.0300	567,827,081.1100	512,289,702.6700	534,629,943.8800
000609.SZ	中迪投资	38.8429	485,166,529.1300	1,982,360,203.2200	664,829,850.8900	678,175,498.8400
000889.SZ	中嘉博创	72.5418	225,146,645.1800	3,393,160,730.3200	542,498,256.4800	1,142,736,084.1600
002231.SZ	奥维通信	347.0906	132,965,713.9500	849,458,366.0900	172,468,744.0200	187,435,742.3300
002247.SZ	聚力文化	53.2686	87,897,786.0900	1,333,798,986.0600	217,732,638.7200	253,876,085.2300
002389.SZ	航天彩虹	177.0509	96,809,753.6500	3,691,204,619.9800	268,601,220.6100	296,677,801.7200
002390.SZ	信邦制药	94.7717	603,123,778.0700	6,504,893,566.8000	3,771,922,470.1800	3,835,855,659.5100
002427.SZ	*ST尤夫	59.0236	201,297,746.5100	3,066,986,794.3000	843,054,340.6200	912,446,840.6200
002672.SZ	东江环保	54.9028	857,729,303.8900	6,685,217,204.5400	2,592,766,217.2800	3,465,681,662.7700
300282.SZ	三盛教育	107.0221	332,276,654.9800	2,172,860,675.4500	823,081,815.6900	882,875,692.9400
400061.OC	长油5退市	24.3979	569,582,859.0000	7,933,961,127.0200	994,491,453.7700	5,443,878,714.7400
600127.SH	金健米业	-57.7027	226,605,597.1100	1,504,748,988.8800	691,471,239.0000	755,846,291.1300
600197.SH	伊力特	28.6260	883,239,796.3200	2,443,550,744.7900	590,940,175.6100	609,674,514.4800
600215.SH	长春经开	297.1262	330,786,401.1100	4,046,522,431.4600	1,469,477,845.3700	1,627,554,220.6400
600243.SH	青海华鼎	529.1326	937,914,596.1900	3,345,720,881.0400	1,222,466,787.1500	1,427,824,640.2600
600303.SH	曙光股份	-83.9058	2,001,151,878.7300	10,099,293,957.7600	6,095,550,266.6300	7,569,988,613.8000
600387.SH	海越能源	300.0380	753,413,371.3500	9,105,867,332.4600	3,445,117,056.0200	7,317,759,399.1600
603399.SH	吉翔股份	-69.2627	423,167,020.7600	2,995,095,235.1100	1,070,762,290.0700	1,193,500,508.4200
000008.SZ	神州高铁	432.4778	182,688,891.7700	674,028,043.8000	74,980,962.5300	75,677,281.5200

图6-1 去除不需要的字段

6.1.2 数据降噪

利用基本的数据统计描述手段（如盒图、散点图）以及其他数据可视化方法，帮助识别离群点中可能存在的噪声（见图6-2）。

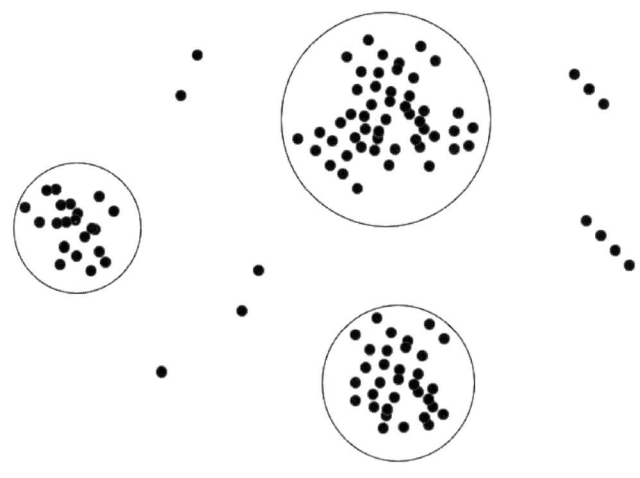

图6-2 代表噪声的离群点

6.1.3 缺失值处理

（1）将有缺失的数据删除。

（2）填充缺失内容。某些缺失值可以进行填充，方法有以下三种：

①以业务知识或经验推测填充缺失值。

②以同一指标的计算结果（均值、中位数、众数等）填充缺失值。

③使用其他不同指标，通过它们的相关关系或者简单回归的计算结果来填充那些需要的缺失值。通常在填充一些缺失值时，尽可能利用最可靠的值填充：可以求助于决策树归纳方法以及其他一些更加简单的基于回归、贝叶斯形式化等推理工具得到可靠的值来帮助补全缺失的数据。

6.1.4 数据一致性处理

（1）时间、日期、数值、全半角等显示格式不一致。这一类问题一般来自于输入端，当使用来自多个不同来源的数据时容易遇到类似的问题，处理手段是将其格式处理成一致。

（2）内容中有不该存在的字符。有一些内容有特定形式的要求，如身份证号只能包含数字和字母，中国人姓名需要是汉字。该方面的典型问题是因为录入失误等人为因素使得文本中存在空格、姓名中有数字、身份证号中有汉字等。在这些比较麻烦的情况下，我们需要投入更多的人工来处理，或者通过算法达到半人工半自动地进行校验来找出真正的问题所在，从而去除掉那些并不真正需要的奇怪字符。

（3）内容与该字段应有内容不符。姓名写错成了性别，身份证号写成了手机号等，均属这类问题。这类问题比较复杂，不能简单删除，成因也多，可能是用户填写错误，也可能是系统前端校验有问题，甚至可能是在导入数据时有一些数据没有对齐甚至没有任何数据对齐造成的后果，这一类问题需要仔细对待。

6.1.5 数据降维

对数据进行简单的降维化再表示的基本要求来源于以下几点：（1）在获得的原始数据比较高维等情况下，其实在真实的数据空间里存在很多冗余噪音和无用信息，在实际应用中容易造成误差，降低了模型的准确率；而利用降维，可以降低冗余信息引起的误差，使识别的精度得到提高。（2）通过降维算法可以帮助理解数据内部的本质特征。数据降维的主要方法是分析（见表6-1、表6-2）。

表6-1　　　　　　　　降维的数据

viewed	expred	certified	grade	nevents	ndays_ actip	lay_ virleo	nchap ters	forum_ pos	complete
1	1	1	1	1	47	0	11	0	1
1	1	1	0.95	0.95	44	0	34	0	1
1	1	1	1	1	99	0	12	0	1
1	1	1	0.87	0.87	49	236	16	0	1
1	1	1	1	1	38	0	12	0	1
1	0	1	0.62	0.62	24	0	10	0	1
1	1	1	0.9	0.9	24	0	29	0	1
1	1	1	0.89	0.89	47	0	33	0	1

续表

viewed	expred	certified	grade	nevents	ndays_ actip	lay_ virleo	nchap ters	forum_ pos	complete
1	1	1	1	1	6	0	12	0	1
1	1	1	0.93	0.93	159	0	26	0	1
1	1	1	0.9	0.9	83	1785	16	1	1

将数据直接代入主成分分析的模型,得出相应的结论。

表6-2　　　　　　　　　　　降维的过程

InitialEigenvalues			Extraction Sum of Loadings		
Total	% of Variance	Cumulative %	Total	% of Variance	Cumulative %
5.731	57.315	57.315	5.731	57.315	57.315
1.066	10.655	67.97	1.066	10.655	67.97
1.002	10.024	77.994	1.002	10.024	77.994
0.869	8.689	86.682			
0.472	4.72	91.403			
0.364	3.64	95.043			
0.275	2.747	97.79			
0.15	1.503	99.293			
0.071	0.707	100			
1.94E-16	1.94E-15	100			

由表6-3所知,通过主成分分析,将7个变量降为3个变量。第一个变量解释57.315%的数据,第二个变量解释10.655%的数据,第三个变量解释10.024%的数据,三个变量共解释77.994%的数据,超过60%,处于较好水平。

表6-3　　　　　　　　　　　数据降维结果

	Component		
	1	2	3
viewed	0.599	-0.2	-0.592
explored	0.924	-0.084	-0.008
certified	0.957	-0.11	0.03
grade	0.937	-0.129	0.041

续表

	Component		
	1	2	3
nevents	0.937	-0.129	0.041
ndays_act	0.815	0.301	-0.029
nplay_video	0.447	0.56	-0.032
nchapters	0.848	-0.152	-0.047
nforum_posts	0.23	0.739	-0.131
complete	0.459	0.014	0.792

6.1.6 数据变换

我们将会时常使用以下变换来处理财政的原始数据：取对数、平方、开方、差分等，可以把非标准的正态分布变换成标准正态分布。此外，可以使用简单的对数和差分变换把非平稳时间序列转换成平稳的时间序列。

（1）数据规范化。

①简单的最值规范化：$X = \frac{X - Min}{Max - Min}$。

把样本线性映射到 [0, 1] 之间，但当样本中某个数值太大并且数据集中，那么规范化后的样本值都将接近 0。

②零—均值规范化：$\overline{X} = \frac{x - mean}{Sigma}$。

这是目前用得最多的数据标准化方法。

（2）连续属性离散化。一些数据挖掘算法要求数据是分类属性形式，就需要将连续属性转变为分类属性。

①等宽法：把该属性的值域划分为等宽区间，区间数目视数据特点而定。

②等频法：将相同数量的记录放到每个区间。

③聚类：通常有两个步骤，首先用聚类算法（如 K-means）聚类，然后处理聚类之后得到的簇。

6.2 财政数据查询

在 MySQL 数据库中查询数据常用的语法 SELECT：

SELECT column_name,column_name

FROM table_name

[WHERE Clause]

[LIMIT N] [OFFSET M]

我们可以在查询语句中使用简单的逗号","分隔不同的表，与此同时我们可以使用 WHERE 语句帮助设定查询条件。

SELECT 命令可以读取一条或者多条记录。

我们可以使用星号"＊"代替该表中所有的可查询字段，当使用 SELECT 命令进行查询时星号会帮助我们方便地匹配整个表的任何字段来找到想要的数据。

可以用 WHERE 语法来包含任何想要查询的条件。

可以用 LIMIT 设定返回的记录数。

我们可以使用 OFFSET 语句来帮助我们指定使用 SELECT 时开始查询哪一个表的数据实际偏移量。通常我们默认的偏移量值是 0。

图 6-3 所示的是实际使用时可以套用的比较常用的 Mysql 查询语句。

/＊websites 表的名字　　NAME alexaurl country　　显示字段＊/
SELECT ＊ FROM websites；/＊查询表所有数据＊/
SELECT NAME FROM websites；/＊查询表字段数据＊/
SELECT ＊ FROM websites where name =" 广西"；/＊查询表字段下条件数据＊/
SELECT ＊from websites where name like " _ o%"；/＊模糊查询表下数据＊/
SELECT ＊ FROM websites where id BETWEEN " 0" AND " 3"；/＊查询表下字段范围数据＊/
SELECT ＊ FROM websites WHERE name in (" 广西"," 百度")；/＊查询表字段下固定条件数据＊/
SELECT DISTINCT country FROMWebsites；/＊查询去重值＊/
SELECT ＊ FROM Websites WHERE country =" CN" AND alexa > 10；/＊查询表下范围条件数据＊/
SELECT ＊ FROM Websites WHERE country =" USA" OR country =" sh"；/＊查询表下条件不同值＊/
SELECT ＊ FROM Websites ORDER BY alexa；/＊查询表下值排序结果＊/
SELECT ＊ FROM Websites ORDER BY alexa DESC；/＊查询表下排序结果降序＊/
SELECT ＊ FROM Websites LIMIT 3；/＊查询表下范围数据＊/
SELECT nameasxyzfrom websites；/＊别名查询表下数据＊/

图 6-3　财政数据查询

6.3　财政数据建模

6.3.1　多元线性回归

6.3.1.1　线性回归原理介绍

一元线性回归通常是指使用财政数据中的众多影响因素中的一个作为自变量，试图通过比单一自变量来理解和解释因变量的实际变化情况或者趋势的惯例方法。在实际问题中，因变量往往受到多个因素的影响，即考虑多个因素作为自变量影响因变量，也就是多元回归（重回归）。当使用线性关系进行回归分析时，这就是多元线性回归。假设 y 为因变量，$x_1, x_2, \cdots, x_k$ 是众多自变量，多个自变量和一个因变量之间为线性关系时，回归模型可写作：

$$y_i = b_0 + b_1 x_1 + b_2 x_2 + \mu_i,$$

在这里我们把 b_0 当作常数项，而其余的系数 $b_1, b_2, \cdots, b_k$ 都是实际运用最小二乘法计算出来各个变量与因变量之间的模型参数，即所谓的回归系数。

在建立多元线性回归模型时，应遵守以下准则以保障结果的准确性：

（1）因变量必须对自变量有显著的线性依赖关系。

（2）模型的自变量与数据中的因变量之间要有真实可以验证的线性相关关系。

（3）模型中的不同自变量之间需要具有一定的相互独立性，也就是说模型得到的自变量之间的关系不能比得到的自变量和因变量之间的关系更接近，这种情况会导致模型的分析无效。

（4）应具有完整的自变量统计数据，使容易预测其值。

使用多元性回归进行参数估计时，类似于一元线性回归，同时基于最小二乘法（最小误差和）。对于二维线性回归，参数求解方程为：

$$\sum y = nb_0 + b_1 \sum x_1 + b_2 \sum x_2,$$

$$\sum x_1 y = b_0 \sum x_1 + b_1 \sum x_1^2 + b_2 \sum x_1 x_2,$$

$$\sum x_2 y = b_0 \sum x_2 + b_1 \sum x_1 x_2 + b_2 \sum x_2^2.$$

6.3.1.2 线性回归在财政分析中的应用[①]

为了揭示影响我国财政收入的主要经济因素，使用了来自于国家统计局（1955—2014 年）的宏观经济指标数据，应用逐步回归方法筛选变量，再做异方差处理，最终建立了我国财政收入统计回归模型：

模型中所使用的变量和实际指标的对应关系如下：y：国家实际财政收入总额（亿元）；x_1：国家在交通运输以及仓储和邮电甚至包括通信行业的实际收入（亿元）；x_2：国家在批发和零售以及其他的贸易和餐饮业得到的实际收入值（亿元）；x_3：国家的黄金真实储备量（万盎司）；x_4：国家的第三产业实际收入资金值（亿元）；x_5：国家在建筑业上的实际收入资金值（亿元）；x_6：国家在工业上的实际收入值（亿元）；x_7：第一产业收入（亿元）；x_8：第二产业收入（亿元）；x_9：人均国内生产总值（元）；x_{10}：国家的国内年度的生产总值数值（亿元）；x_{11}：国家在当年年末实际总人口数目（万人）；x_{12}：国家的实际出口总金额数目（亿元）；x_{13}：进口总额（亿元）；x_{14}：外汇储备（亿美元）；x_{15}：进出口总额（亿元）。线性回归系数、去除多重共线性的线性回归系数如表 6-4、表 6-5 所示。

表 6-4　　　　　　　　　　线性回归系数

指标变量	非标准化系数		标准系数	t	Sig.	共线性统计量	
	B	标准误差	β			容差	VIF
常量	-2347.009	358.839		-6.541	0.000		
第三产业 x_4 亿元	0.446	0.016	0.951	28.211	0.000	0.001	921.090
外汇储备 x_{14} 亿美元	0.938	0.039	0.283	24.095	0.000	0.009	111.704
人均国内生产总值 x_9/元	-4.964	0.236	-1.699	-21.072	0.000	0.000	5268.928
国内生产总值 x_{10}/亿元	0.298	0.022	1.392	13.559	0.000	0.000	8545.047
年末总人口 x_{11}/万人	0.051	0.006	0.037	8.624	0.000	0.068	14.798
进出口总额 x_{15}/亿元	0.031	0.004	0.068	7.101	0.000	0.013	74.466
黄金储备 x_3/万盎司	-0.828	0.206	-0.020	-4.011	0.000	0.048	20.961

① 王宇轩. 多元回归统计模型在国家财政收入预测中的应用［J］. 科学家, 2017, 5 (12): 23-25.

表 6-5　　　　　　　去除多重共线性的线性回归系数

指标变量	非标准化系数		标准系数	t	Sig.	共线性统计量	
	B	标准误差	β			容差	VIF
常量	14630.934	4307.600		3.397	0.001		
黄金储备 x_3/万盎司	13.084	2.807	0.322	4.660	0.000	0.113	8.822
年末总人口 x_{11}/万人	-0.296	0.058	-0.214	5.063	0.000	0.303	3.299
进出口总额 x_{15}/亿元	0.373	0.024	0.833	15.761	0.000	0.194	5.149

可见，最终 3 个自变量的 VIF 统计量均小于 10，即消除多重共线性后的回归模型为 $y = 14630.934 + 13.084x_3 - 0.296x_{11} + 0.373x_{15}$。

根据数据可看到，实际上影响财政收入规模大小的因素，其中最直接、最能反映国家的财政收入在发展趋势与变化规律的主要经济因素有：黄金真实储备量、进出口资金总额、当年年末的实际总人口数目等。借助财政收入多重线性回归方程，可以得到，在其他变量不变条件下，每增加 1 万盎司黄金储备，财政收入平均增加 0.080 亿元；每增加 1 万年末总人口，财政收入平均减少 0.015 亿元；每增加 1 亿元的实际进出口资金的总额，国家财政每年的收入资金水平就能够增加且达到 0.368 亿元。另由标准化的回归方程可得：进出口总额对财政收入的影响最大，黄金储备对财政支出的影响相对较小。为保证财政收支平衡、社会总供求平衡和国民经济健康发展，需要适时根据影响财政收入的主要经济因素制定宏观经济政策。

6.3.2　时间序列

6.3.2.1　时间序列概念

时间序列分析模型（Time-Series Analysis）是指用特定的序列分析方法来查看财政数据的趋势、周期、时期和不稳定因素这四类数据特征，序列分析方法起源于对销售数据的预测需求，后来在不同行业的时序数据中得到广泛应用。通常是将复杂变化的数据进行分解，然后再根据综合的结果提出预测。首先，基于检测对象的时相变化特点，选定遥感监测的周期，获取合适的遥感数据。通常的做法是在一定时间段之内持续不断地对一个特定的选定区域进行重点遥感观测，并尝试从数据中提取有效的相关特征应用序列的分析方法来查看数据的发展趋势与变化规律（见图 6-4）。

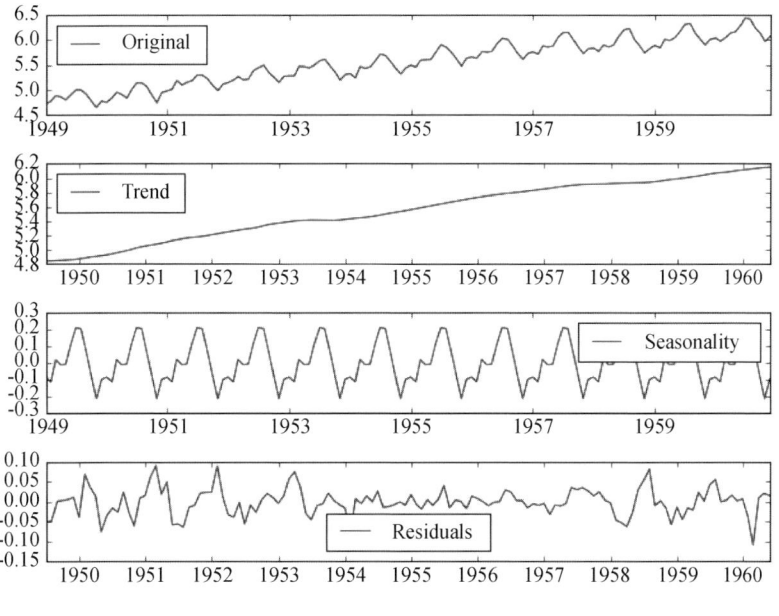

图 6-4 时间序列分析拆分图

6.3.2.4 时间序列建模基本步骤

时间序列建模基本步骤如下：

首先，利用观测、调查、统计、抽样等方法，合理获取观测对象的时间序列动态数据。基于数据库获取的序列型财政数据，并利用数据相关性散点图来帮助进行进一步的相关性分析，并通过相关分析得到相关函数。然后，基于上个步骤得到的相关散点图来帮助理解数据，进行变化趋势、波动周期的观察与研究，找出数据的跳点和拐点。所谓跳点，就是与其他数据趋势不一致的观测值。如果跳点正确，应该被模型覆盖；如果跳点反常，则应调整跳点。所谓拐点，是指时间序列从一种趋势（上升）变为另一种趋势（下降）的点。若数据中存在拐点，则模型需要考虑分段拟合，如门限回归。

其次，寻找合适的模型描述得到的财政数据并做曲线拟合。通常会先使用简单的趋势模型进行拟合，然后为模型增加稍微复杂一些的季节模型，最后加上误差拟合最终的模型，模型拟合后，代入历史数据得到未来的时间序列分析结果。在拟合的过程中，可以使用通用 ARMA 模型（自回归滑动平均模型）以及自回归模型、滑动平均模型或组合 - ARMA 模型等拟合平稳时间序列。一般来说，多于 50 个财政序列观测值就可以拟合稳定的模型，最通用的时间序列方法是 ARMA 模型，它可以拟合周期波动、长期趋势和随机误差，无法解决差分问题。对于非平稳时间序列，一般做法是先进行差分处理，转化为平稳时间序列，再选择合适的模型拟合（见图 6-5、表 6-6）。

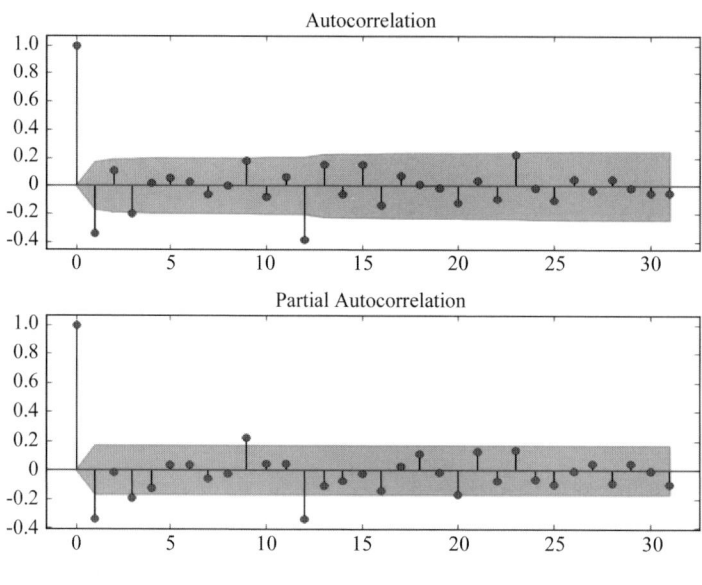

图 6-5　时间序列自相关、偏自相关图

表 6-6　　　　　　　　　模型选择列表

	AR（p）	MA（q）	ARMA（p, q）
模型方程	$\varphi(B) = a_t$	$z_t = \theta(B) a_t$	$\varphi(B) Z_t = \theta(B) a_t$
平稳性条件	$\varphi(B)=0$ 的根在单位圆外	无	$\varphi(B)=0$ 的根在单位圆外
可逆性条件	无	$\theta(B)=0$ 的根在单位圆外	$\theta(B)=0$ 的根在单位圆外
自相关函数	拖尾	Q 步截尾	拖尾
偏自相关函数	p 步截尾	拖尾	拖尾

6.3.2.3　平稳性检测与处理

通过上述处理得到的时间序列分析需要具备一个非常重要的前提，那就是这个财政数字序列必须是平稳的。在大数定理和中心极限定理中，样本需要是同分布的（这里的同分布等价于时间序列是平稳的）。然而，时间序列以及其他许多建模过程都是以大数定理和中心极限定理为前提的。如果这一前提不能得到满足，得到的结论就不再可靠。

在数理统计分析中，提出了单位根检验来定量测量数据序列的平稳性，一种常用的单位根检验方法是 ADF，这一方法基于序列具有单位根假设，即非平稳。如果一组时序数据符合通常意义上平稳的定义，我们就能够确切地在一给定的置信水平上（如最常用的 5% 显著性）得到明确拒绝原假设的结论。这里的 ADF 只是单位根检验的方法之一，第三方包 arch 提供了其他的校验方法。以下为检验结果，当 p 值大于 0.99 时，不拒绝原假设：

```
Test Statistic                  0.815369
p-value                         0.991880
#Lags Used                     13.000000
Number of Observations Used   130.000000
Critical Value (5%)            -2.884042
Critical Value (1%)            -3.481682
Critical Value (10%)           -2.578770
```

不拒绝原假设，也就是说财政数据序列不平稳，我们提供了如下方法将不平稳的财政数据转化为平稳序列。

（1）对数变换。为了减小数据的振动幅度，可以使用对数变换。变换之后的数据线性规律可能更加明显。

（2）平滑法。有多种平滑技术，一般分为移动平均法和指数平均法。移动平均是把一定时间间隔内的平权的平均值，当作目标区的估计值；指数平均是利用变换权重的方法来计算均值。

（3）差分。为了剔除周期性因素，可以对时间序列应用差分方法，即对等时间间隔的数据求差。目前处理差分最常用的方法是 ARIMA 模型，可以非常方便地实现差分以及差分还原。

（4）分解。分解是指把时序数据分成不同的部分。Statsmodels 使用 X-11 分解，将时序数据分离成长期趋势、季节趋势和随机成分。

6.3.2.4 ARMA 模型

ARMA 模型是自回归移动平均模型（Auto regression moving average），可把该模型进一步的细分为 MA 模型（Moving average model）、AR 模型（Auto regression model）、ARMA 模型（Auto regression moving average model）几类。

(1) AR 模型。对于一般的 p 阶自回归过程 AR（p），当有一个白噪声（$m_t = e_t$）随机扰动项时则称其为一个纯 AR（p）过程，主要是对长期趋势的拟合。

(2) MA 模型。当 mt！= et，即其不是一个白噪声时，可以把它当作一个 q 阶移动平均过程（MA（q）），主要解决的是周期变动趋势。

(3) ARMA 模型。当把纯 AR（p）和纯 MA（q）相合并，就能得到一般自回归移动平均过程 ARMA（p，q），解决周期上升趋势，适合处理有周期波动并且体量不断扩大的财政数据。

6.3.2.5 时间序列在财政数据分析中的应用[①]

GDP 是反映经济增长、经济规模的基础性指标，用于衡量一个国家特定时间周期之内整体或者地区的所有有效经济产出，包括经济活动最终的产品和重要劳务的价值总量，这一指标对于宏观经济政策具有重要的参考作用。为了更清楚地看到未来经济走势、发展状态，可以对 GDP 进行预测。我们以实际增长率数据为基础，利用时间序列理论，借助 Eviews 8.0 软件建立模型，预测中国 2019 年 GDP 增长情况。

2018 年，国际形势异常严峻，国内改革任务艰巨繁重，在以习近平为核心的党中央领导下，全党全国各族人民贯彻实施了新发展理念，致力于供给侧结构性改革的深入推进，开展了三大攻坚战役，加大对外开放力度，统筹稳增长、促改革、调结构、惠民生、防风险工作。总体来看，国民经济运行平稳，发展平稳。经济结构不断优化，人民生活水平不断提高，新旧动力不断转化，高质量发展稳步推进。

根据国家统计局数据，2018 年前三季度，我国国内生产总值达到 650899 亿元，按可比价格计算，同比增长 6.7%，增速回落了 0.2 个百分点，分季度看，一二三季度实际 GDP 增速分别为 6.8%、6.7%、6.5%，为完成全年 6.5% 左右的实际增速打下了坚实的基础。第四季度显示，尽管国际局势仍然存在变数，但世界经济仍在复苏，加之我国内生经济增长的动力逐步增强，预计全年实际 GDP 增速维持在 6.65% 左右。

从三大产业构成看，第三产业占比不断上升。前三季度第一、第二、第

---

① 刘尚希. 中国财政政策报告（2019）[M]. 北京：社会科学文献出版社，2019.

三产业增加值分别为42173亿元、262953亿元、345773亿元，按照可比价格计算，分别同比增长3.4%、5.8%、7.7%，从占比看，第一产业占比下降0.5个百分点，而二、三产业占比分别增长0.2、0.3个百分点。前三季度，服务业占国内生产总值的比重提高到53.1%，进一步强化了其对经济增长的作用。从行业构成看，前三季度，信息传输软件及信息技术服务、租赁与商务服务、运输仓储、邮政服务增值是拉动第三产业增加值快速增长的主要力量。

根据1999—2017年实际GDP增长率，以及2018年预估实际GDP增长率估计2019年数据。对1999—2018年国内生产总值进行增长率ADF平稳性检验。发现，在1%、5%、10%的显著性水平上，原始序列均不平稳。进行一阶差分，所得序列记为dgdp，ADP检验所得P值为0.0057，小于1%，因此在99%的置信水平上拒绝dgdp不平稳的原假设，接受序列平稳的备择假设。

建立时间序列模型，考虑序列相关性，通过修正序列相关，最终得到以下模型：

$$dgdp_t = -0.52 + 0.46 dgdp_{t-1} + u_t - 0.94 u_{t-2}$$
$$(-2.52) \quad (2.52) \quad (-21.42)$$

式中，$dgdp_t$表示在第t年实际GDP增长率阶差分后的结果，$dgdp_{t-1}$表示在第t-1年实际GDP增长率一阶差分后的值，u是t期随机误差项。

2018年这一模型对我们的数据预测是一个比较贴近实际的数值$dgdp_1 = -0.3140$，这一结果告诉我们2018年的实际GDP增速预测为6.59%。检验残差的偏相关函数值，以及Q-stat及P值，发现残差序列为不存在自相关，是白噪声序列。

动态预测结果显示，2019年实际CDP增长率为6.14%。鉴于中央经济工作会议强调"把稳定就业摆在突出位置，着力解决高校毕业生、农民工、退伍军人等群体的就业问题"，可以把GDP增速小幅提高到6.3%。

6.3.3 决策树分类

6.3.3.1 决策树的概念

决策树通常被人们称为判定树，因为其树状结构而得名，决策树在实际生活中通常用于分类操作与判断操作,以常见的树状结构方法表示。决策树的每一个内部节点都是明确的,代表着一个需要进行判断的属性,决策树的每一条边都表示其中一个测试得到的结果,由于一个测试会得到多个结果,因此具体的结果会把树导向不同的分支,决策树的叶节点可以表示任何一个类,也可以表示类的分布(见图6-6)。

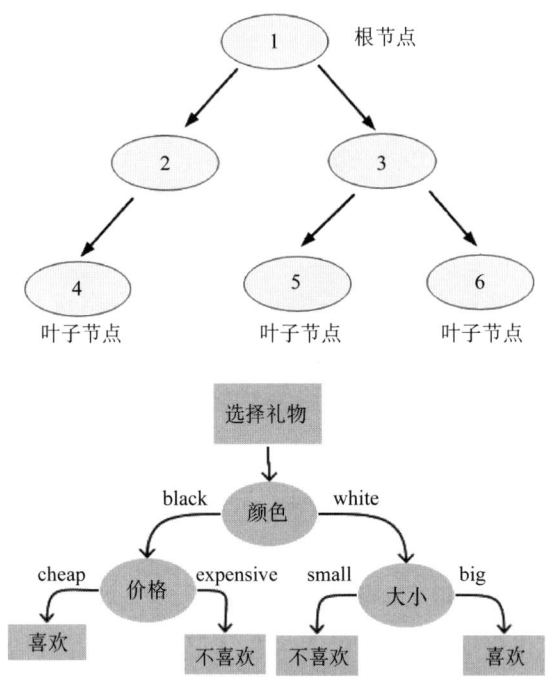

图6-6 决策树示例图

一个决策树决策过程通常从一棵决策树最根部的节点开始进行决策。在模型中使用部分待决策财政数据来与决策树中特征节点所表示的信息进行详细比较,模型会根据这个结果来选择接下来的流程将会走向哪一个比较支路的方向,直到模型最终到达了一个叶子节点,视为比较结束。然后使用剩余部分数据进行决策树回测,防止出现过拟合效应。

6.3.3.2 决策树实例

下列银行希望通过个人信息(包括职业、年龄、收入、教育背景)来判断个人是否有贷款意向,以便更有针对性地完成工作。图6-7显示了银行现在拥有的信息,我们的目标是通过分析以下数据构建一个模型来预测用户贷款。

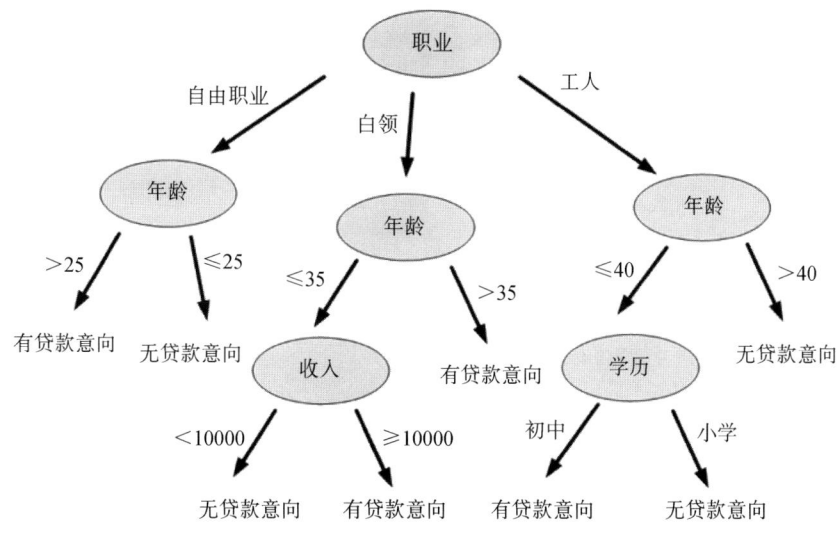

图6-7 决策树实例图

某客户信息为{职业、年龄,收入,学历}={工人、37,2000,小学},我们把信息输入上述决策树,可以得到下列分析步骤、结论。

第一步:根据该客户的职业进行判断,选择"工人"分支(见图6-8);

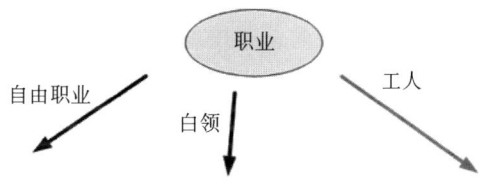

图6-8 决策树第一步

第二步:由客户年龄,可见选择年龄"≤40"分支(见图6-9);

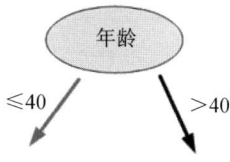

图6-9 决策树第二步

第三步：由客户学历，选择"小学"分支，最终得出结论：该客户无意向贷款（见图6-10）。

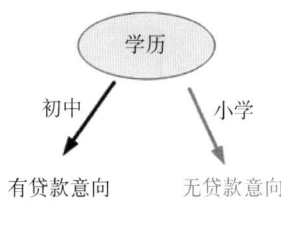

图6-10 决策树第三步

6.3.3.3 决策树建模过程

构建决策树也是把数据逐步分裂，步骤如下：

步骤1：将所有的数据看成是一个节点，进入步骤2；

步骤2：从数据库获得的财政数据中挑选一个明显的数据特征来帮助模型进行下一步节点的分割操作并进入步骤3；

步骤3：生成多个子节点，判断每一个子节点，满足停止分裂的条件则进入步骤4，否则进入步骤2；

步骤4：把当前模型的节点设置为一个子节点并且输出这个重要节点，将数量占比最大的那个最重要的类别作为这一步的输出结果。

6.3.3.4 决策树分类在财政分析中的应用[①]

在使用决策树进行数据学习时，采用简单的从上到下递归方法，模型的结论会最终出现在决策树的叶节点处，而这中间需要比较决策树内节点的属性值并根据不同的属性值来确定节点向下的那些分支。因此，从根节点到叶节点的路径对应于连接规则，并且整个决策树对应于一组单独的表达式规则。决策树生成算法分为两个步骤：第一个步骤是生成树，开始时，所有数据都在根节点中，然后重复拆分数据；第二个步骤是树修剪，即删除一些噪声或异常数据。决策树停止分段的条件如下：节点上的所有数据都属于同一个类别，并且任何属性都可用于分段数据。简单起见，下面仅考虑学校图书馆财政预算中常考虑的几个因素，同时假设这些因素之间没有联系，文中的

---

① 肖永良，肖如良. 决策树在高校图书馆财政预算中的应用[J]. 科技广场，2007（11）：163-164.

数据仅是用来进行说明的。当然，实际情况中，预算需要考虑的因素远远不止这些。

学校图书馆预算费用主要涉及以下项目：人才引进费用、图书购买费用、计算机配备费用、培训费等。一个学校的图书馆占据了非常重要的位置，是老师和同学们获取知识的很重要的渠道，一流的大学必定有一流的图书馆。图书馆的建设不仅包括硬件的建设，也包括人才的引进和培养等。我们认为优秀的人才对图书馆资源的有效配备和配置将产生非常深刻的影响，因此人才引进费用是学校不可或缺的财政预算之一。同时图书馆里面图书的数量和质量是体现一个图书馆的档次之所在，这也是学校必须优先配备的。而相应的硬件如计算机等是实现图书资料的查询和阅读必不可少的工具，也是不可或缺的。

假定每引进一名紧缺专业人才花费 5 万元，引进一名非紧缺专业人才花费 1 万元。而图书的配备，如增加一本纸质图书花费平均 40 元，增加一本电子图书花费 10 元；图书馆计算机的配置，如增加一台新的计算机开支 6000 元，维修一台平均花费 500 元。培训费用，设开一次培训班开支 1000 元，短时间内可考虑大幅度削减甚至暂缓，视学校经费紧张程度而定。

预算规则如下：①If 引进紧缺专业人才 then 费用开支为 50000 元 else 费用开支为 10000 元；②If 购买一本纸质图书 then 费用开支为 40 元 else 费用开支为 10 元；③If 新增计算机一台 then 费用开支为 6000 元 else 费用开支为 500 元；④举办培训班每次开支为 1000 元。

根据上述规则建立决策树，根据决策树可以很清楚地看出，要实现图书馆的正常运转和图书馆功能的正常发挥，同时又要体现学校的财政预算的公平和有效性，其中人才引进费用是必须优先支出的；对于图书的预算，则可根据学校财政的紧张程度来分配纸质图书和电子图书的比例。由于电子图书具有海量存储、检索便捷的优点，在资料购买中的比例逐步加大，但在购买时应注意纸质图书和电子图书的协调问题；二者在内容上是互补关系，而不是建立两个浪费资金的内容相同、形式不同的信息资源系统。

图书馆工作人员的素质直接决定着图书馆工作的效率和质量，因此，图书馆工作人员的培训将是一项长期而艰巨的任务。对于培训费用，应该有目的、有计划执行相关的培训工作，将有限的资金用于最需要的地方。高校可以依此决策树来进行图书馆的财政预算,如果某些条件发生改变,可以很方便地改变决策树的条件和各项支出来实现学校图书馆的财政预算。

6.3.4 随机森林

6.3.4.1 随机森林概述

随机森林主要是基于集成学习并且把多棵决策树集成在一起来尝试对数据进行分类的方法,这一方法的本质可以看作是集成学习(Ensemble Learning)。随机森林中的"森林"是为了体现其集成思想而命名的。

随机森林的每一棵决策树都是一个分类器,对于任一输入样本,有多少棵树就会有多少个分类结果。随机森林会朴素地集成所有数据最终的分类结果,并对这些投票的结果进行计数统计,而计数最多的结果就作为整个系统的最终输出。

随机森林作为一种全新有效的机器学习算法,具有广泛应用前景,从营销到健康保险,它可用于营销模拟建模,计算客户来源、保留和损失,并预测疾病风险和患者易感性。

6.3.4.2 随机森林的特点

(1) 准确率很好而不弱于绝大多数算法;

(2) 能够有效地运行在大数据集上;

(3) 不需要降维就能够处理得到的输入样本;

(4) 能够帮助评估分类问题上那些比较复杂的特征,并鉴别特征内在的重要性;

(5) 在生成过程中,能够获取到内部生成误差的一种无偏估计;

(6) 能够帮助获得很好的缺省值结果。

6.3.4.3 随机森林建模过程

在机器学习中,随机森林分类器包含多个决策树,输出类由单个树输出的最多类别模式决定。

根据下列算法而建造每棵树(见图6-11):

(1) 假设有 N 个训练用的样本,M 个不同类型的特征。

(2) 输入 m 个特征于每一个节点,m < < M。

(3) 应用 bootstrap 到完整的数据集中有放回抽样取样 N 次,抽取需要的训练集并把未抽到的用样本用于评估误差。

（4）为了获取每个节点的最佳分裂方式而选取 m 个随机特征并决定最佳分裂方式。

（5）完整成长每棵树而不剪枝，直到建完一棵正常树状分类器之后再考虑修剪。

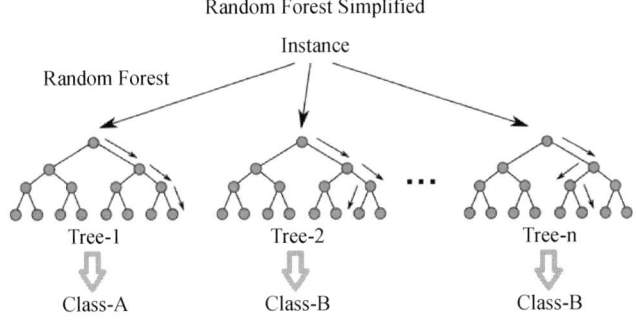

图 6－11　随机森林示例图

我们要将一个输入样本进行分类，需要将输入样本输入到每棵树中进行分类。做一个类比：森林开会讨论某个动物是老鼠还是松鼠时，每一身处此森林的树都应该独立地表达自己对该问题的想法，也就是说，每棵树必须投票。动物是老鼠还是松鼠取决于投票情况，票数最多的结果就是最终的结果。

6.3.4.4　随机森林在财政分析中的应用[①]

风险是经济运行中的核心问题，财政生来就要承担公共风险。财政是所有经济活动的主要中心。一旦财政发生危机，会对经济产生巨大冲击，甚至导致社会动荡。因此，要准确量化我国财政风险，从而做出科学预警，使金融政策领导有足够的时间和基础来防范财政风险的发生，使财政危机的破坏度最大限度地降低甚至化解即将发生的危机，这具有非凡的意义。

衡量财政风险的指标有很多，本书所使用的指标大致可分为四组，分别用 R_1、R_2、R_3、R_4 表示，总计 19 个指标，具体指标与其计算公式见表 6－7。

---

① 刘新雯. 基于综合改进随机森林算法的中国财政风险预警研究［J］. 计算机应用与软件，2018，35（9）：73－78.

表 6-7　　　　　　　　　　　随机森林模型指标列表

指标		指标值计算方法
财政支出绩效 R_1	财政支出对财政收入的弹性 X_{16}	$X_{16} = \dfrac{\text{财政支出增长率}}{\text{财政收入增长率}}$
	公共支出占财政支出的比例 X_{17}	$X_{17}=$（国家财家财政一般公共支出 + 国家财家财政公共安全）÷中央财政支出×100%
	文化教育支出占财政支出比例 X_{18}	$X_{18}=$（国家财政教育支出 + 国家财家财政科学技术 + 国家财家财政文化体育媒支出）÷中央财政支出×100%
	社会保障类支出占财政支出比例 X_{19}	$X_{19}=$（国家财家财政社会保障业支出 + 国家财家财政医疗支出 + 国家财家财政环境保护）÷中央财政支出×100%
宏观经济增长趋势 R_1	经济增长率 X_1	GDP 增长率表示
	城镇失业率 X_2	数据来自《中国统计年鉴》
	通货膨胀率 X_3	$X_3=$（现今物价平均水平 − 去年物价水平）÷去年物价水平×100% 一般用居民消费价格指数代替
财政收支及债务 R_2	赤字率（X_4 国际警戒线 3%）	$X_4 = \dfrac{(\text{财政支出} - \text{财政收入})}{\text{GDP}} \times 100\%$
	国家财政债务依存度 X_5	$X_5 = \dfrac{\text{国债发行额}}{\text{全国财政支出}} \times 100\%$
	中央财政债务依存度 X_6	$X_6 = \dfrac{\text{国债发行额}}{\text{中央财政支出}} \times 100\%$
	国债偿债率 X_7	$X_7 = \dfrac{\text{国债债到期付息}}{\text{GDP}} \times 100\%$
	国债借债率 X_8	$X_8 = \dfrac{\text{国债余额}}{\text{GDP}} \times 100\%$
	国债借债率 X_9	$X_9 = \dfrac{\text{国债发行额}}{\text{GDP}} \times 100\%$
	外债负债率 X_{10}	$X_{10} = \dfrac{\text{外债余额}}{\text{GDP}} \times 100\%$
	外债偿债率 X_{11}	$X_{11} = \dfrac{\text{当年外债还本付息额}}{\text{商品和劳务出口总额}} \times 100\%$
	外债债务率 X_{12}	$X_{12} = \dfrac{\text{当年债务余额}}{\text{商品和劳务出口总额}} \times 100\%$

续表

指标		指标值计算方法
财政分配 R_3	全国财政收入占GDP比重 X_{13}	$X_{13} = \dfrac{\text{全国财政收入}}{\text{GDP}} \times 100\%$
	中央财政收入占全国财政收入比重 X_{14}	$X_{14} = \dfrac{\text{中央财政收入}}{\text{全国财政收入}} \times 100\%$
	税收弹性 X_{15}（保持大于1）	$X_{15} = \dfrac{\text{税收增长百分比}}{\text{GDP 增长百分比}}$

根据各指数的国际预警线，可以将财政风险分为四级，分别为"安全"（记为1）、"轻风险"（记为2）、"风险"（记为3）、"重度风险"（记为4），这里的得分是指数得分。具体的判定准则见表6－8。

表6－8　　　　　　　　随机森林风险等级划分

风险等级	1	2	3	4
综合得分（R）	(0, 25]	(25, 50]	(50, 75]	(75, 100]

用1998—2013年数据作为训练集，2014—2016年数据作为测试集EZX-eat，基于CLRF随机森林算法对中国财政风险预警模型进行训练。对2017—2018年的财政风险进行预测，2017年与2018年的财政都处于轻风险状态，不会对社会经济的正常运行和国家安全造成严重影响（见表6－9）。

表6－9　　　　　　　　随机森林风险等级预测结果

时间	预测的 R	预测风险等级
2017	30.8015	2
2018	32.5548	2

6.3.5　神经网络

6.3.5.1　神经网络概述

神经网络也被称为人工神经网络（NNs），因为模仿人类的神经元运作而得名，也就是通常所说的神经元连接模型（Connection Model），这一方法主要功能是能对得到的信息进行并行处理分析。为了达成并行处理目的，该算法主要致力于模仿动物的复杂神经网络交互的行为。

图 6-12 所示是一个神经网络,有三个级别。红色:输入层;绿色:输出层;紫色:中间层(隐藏层)。下方示例的神经网络模型包括输入层三个单元,隐藏层四个单元,输出层两个单元。

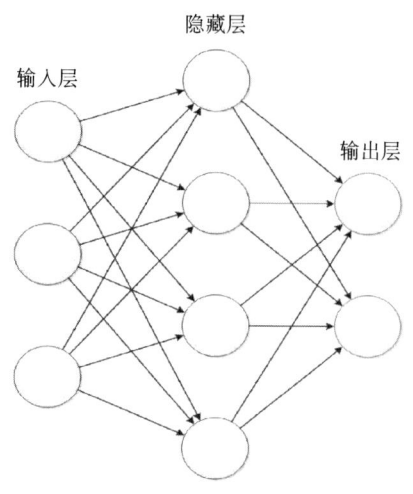

图 6-12 神经网络示例图

在设计神经网络时我们通常自由制定中间层的情况,这是因为我们只能够通过数据输入和模型输出特点固定输入层和输出层的节点数。结构图的拓扑和箭头表示数据流方向,与训练过程中的数据流不同,这里的关键不是圆("神经元"),而是连接线("神经元"之间的连接)。神经网络中每一条连接线都实际上对应着一条需要通过训练才能得到并且包含了重要信息权重,通常情况下,每个线条的权重都是不同的。

6.3.5.2 神经网络的计算(见图 6-12)

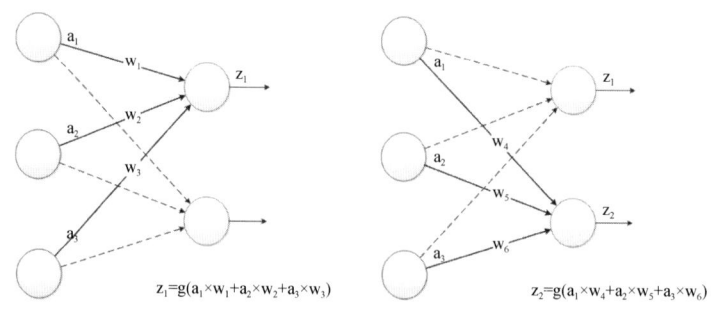

图 6-13 神经网络计算方式

图 6-12 中的两个公式其实是线性方程组，可以用矩阵乘法来表达这两个公式。

例如，方程右边的输入是 $[a_1, a_2, a_3]^T$（a_1，a_2，a_3 组成的列向量），以向量 a 表示。方程左边是以 z 表示的列向量 $[z_1, z_2]^T$。

系数则是矩阵 W（2行3列的矩阵，排列形式与公式中的一样）。

于是，输出公式可以改写成：

$g(W \times a) = z$

这个公式就是神经网络中从前一层计算后一层的矩阵运算。

6.3.5.3 神经网络的用途

一层神经网络可以做简单的线性分类任务——单纯的分类工具。

两层的神经网络理论上可以帮助我们逼近任意你能想到的连续函数。此时人工神经网络甚至已经在语音识别、自动驾驶等多个领域发挥很大作用了。

多层神经网络实现深度学习，深度学习在语音识别领域、图像识别领域大展拳脚。在众所周知的 ImageNet 竞赛中 Hinton 使用多层的卷积神经网络，达到了令人难以置信的逆天成绩，分类错误率为 15%，比第二名高了 11%，多层神经网络识别效果的优越性不言而喻（见图 6-14）。

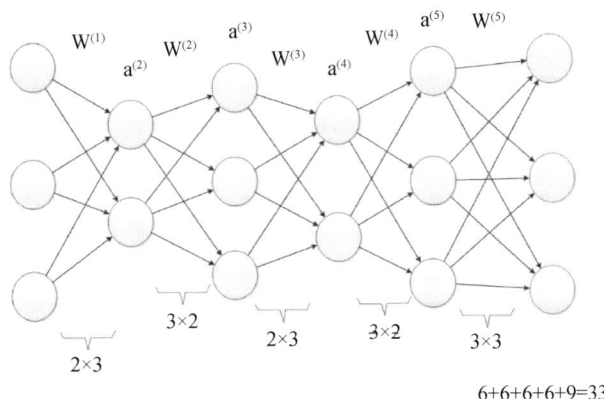

图 6-14 神经网络计算结果

在深度神经网络中，每一层都是对前一层更深入的抽象。例如，如果说第一隐藏层学习到了"边缘"特征，第二隐藏层学习到的就是"边缘"组成的"形状"特征，而第三个隐藏层学习到的则是"形状"组成的"图案"特征,第四隐藏层能够实际学习到的信息其实是由"图案"组成的"目标"的特征。以此类推,深层网络能够抽取更抽象特征,从而可能获得更有效的分类能力。

目前所知在人工智能界占据统治地位的,毫无疑问就是经典的深度神经网络概念主题。但凡有关人工智能的产业报道,必然离不开深度学习。人工智能虽火,但还有很长的路要走。例如,计算机视觉方向,一旦面对略显复杂的场景,以及容易混淆的图像,计算机就难以识别。这个方向依旧有着令人眼热的巨大前景。

6.3.5.4 神经网络在财政分析中的应用①

以新疆为研究样本,政府财政支出结构为研究对象,在评价新疆政府财政支出现状的基础上,利用线性神经网络模型,运用 Matlab 软件对 1995—2010 年新疆政府财政支出结构的统计数据进行模拟仿真,预测 2011—2015 年新疆政府财政支出总额及各项财政支出的具体金额,以明晰未来几年新疆政府财政支出结构的总体发展态势,这些信息能够为新疆政府在将来的政策调整和不断优化财政支出结构方面的具体建设时间中提供充分有效的理论借鉴。根据国家职能的关系及其使用部门的分类标准,将财政支出指标划分为五大类:经济建设支出、基本公共服务支出、国防支出、行政支出和其他支出。

以下基于 1995—2010 年新疆政府财政支出数据,结合线性神经网络模型和学习算法原理,构建新疆政府财政支出预测模型:首先,将 1995—2010 年的政府财政支出数据作为训练样本集,将 2008—2010 年的相关数据作为测试集。然后,通过利用 Matlab2009a 软件,应用多种神经网络测算方法对以上数据进行试算比较。结果显示,就 BP 神经网络模型、径向基神经网络模型和线性神经网络模型三者而言,线性神经网络模型预测的均方误差最小。由于我们得到的新疆政府财政支出大部分呈现明显的线性趋势,因此我们可以利用线性神经网络模型对 2011—2015 年新疆政府的实际财政支出进行有效的预测。

---

① 郑烨,蒋轶. 基于线性神经网络模型的政府财政支出结构预测——以新疆为例 [J]. 技术经济,2012,31(10):106-112.

回归分析结果表明：经济建设支出、基本公共服务支出、国防支出、行政支出、其他支出和支出合计的相似度检验值分别为 0.9975、0.96555、0.98546、0.99879、0.95299 和 0.99873 均大于 0.9。这表明线性神经网络模型的拟合效果优良、预测精度较高。

预测结果表明，未来新疆政府财政支出总额以及各项财政支出的绝对数额均呈逐步上升趋势，但各项财政支出占财政支出总额的比重却存在明显差异。其中，基本公共服务支出、经济建设支出和行政支出在财政总支出中仍占较大比重，特别是经济建设支出仍然是近年来新疆政府财政支出的主要组成部分。

6.3.6 KNN

6.3.6.1 KNN 概述

邻近算法，又被称为 K 最近邻（KNN）分类算法，K 最近邻的意思是目标周围所具有的 K 个最靠近的邻居，即希望用其最近的 K 个邻居表示每个样本。

KNN 算法基本策略是：对特征空间中任一样本，如果其 k 个最相邻的样本中的大多数均为同一类，则认为该样本也属于此类别，并具有响应的特征。应用 KNN 方法进行类别决策时，只需要考虑少量的相邻样本。对于类域交叉、重叠多的样本集而言，KNN 方法以其只需要紧邻有限样本，而非判别类域的方法决定类别，而更适合这样的样本。

6.3.6.2 算法描述

训练集中的得到的数据和标签是已知的，这一点毋庸置疑，此条件下，尝试输入测试数据并尝试与得到的训练集数据中的相应特征进行关键性比较，查找出与训练集最相似的 k 个数据，然后与测试数据对应的类别就是 k 个数据中出现最频繁的那个分类（见图 6-15）。算法描述如下：

（1）计算测试数据与各个训练数据之间的距离；

（2）按照距离的递增关系进行排序；

（3）选取距离最小的 K 个点；

（4）确定前 K 个点所在类别的出现频率；

（5）将前 K 个点中最多的类别输出为测试数据的预测分类。

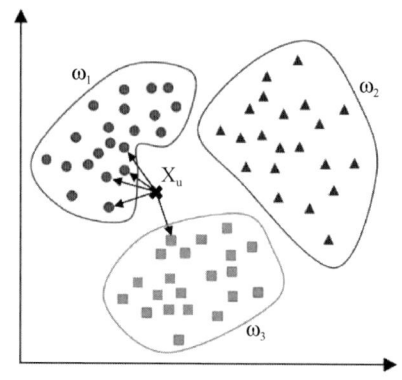

图 6 – 15　KNN 划分结果

6.3.6.3　KNN 在财政分析中的应用[①]

预算绩效是为了对财政资金进行编制预算并分析评价结果，然后将其应用到下一年的预算安排中，这是以结果为导向的财政预算管理模式。在实施过程中，不可避免地会有很多单位违规使用资金，导致评估结果不准确。此处基于 KNN 算法，提出了一种财政预算监督方法，期望解决预算绩效使用不规范的问题。

本案例使用了湖北省一个国库支付的代理银行，我们从其 2019 年上半年的财政报文中获取了 18000 份各类数据。请求报文节点在本实验被分为 3 层树结构。实验检测准确性的评估指标一般以真正类率（true positire rate, TPR）、真负类率（true negativerate, TNR）来作为评估参考。

本实验从报文中选取产品预警类型 1500 份（产品型号可疑样本 700 份，产品个数可疑样本 800 份），收款方可疑类型 1500 份（700 份可疑收款人样本，800 份可疑收款公司样本），1500 个正常报文样本、1500 份金额可疑类型为训练样本，总量 6000 份，然后使用 12000 份包含各个可疑类型样本的待检测数据，设置近邻样本个数 k = 16（见图 6 – 16）。

T-KNN 算法与 I-KNN 的真正类率（TPR）与真负类率（TNR）检测准确度的比较结果表明，预算监督模型准确率在 85% 以上。

---

①　沈斌，赵重远. 基于 KNN 算法的财政预算监督方法 [J]. 武汉工程大学学报，2020，42（1）：108 – 112.

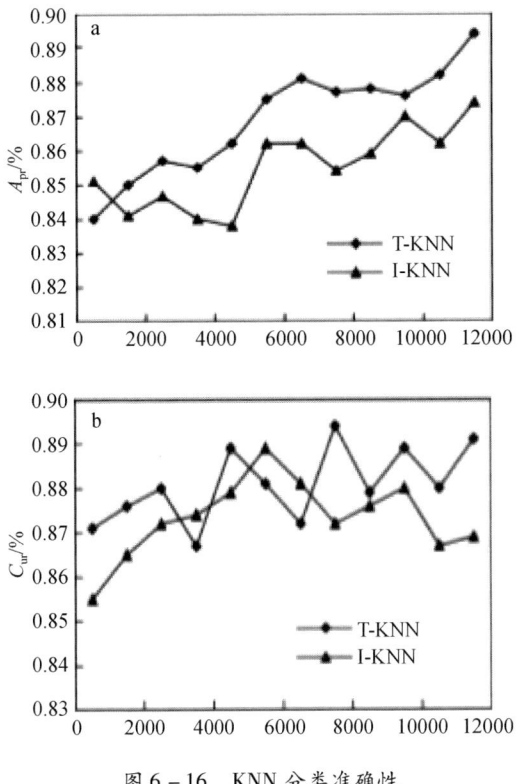

图 6-16 KNN 分类准确性

6.3.7 K-means

6.3.7.1 K-means 聚类概述

K 均值聚类算法先随机在数据中选取 K 个用于代表中心的初始化聚类对象，然后计算每一个对象和所有各个子聚类中心之间的距离，并把这些对象尝试分配给与它距离最小的那个聚类中心作为同一个聚类。

每个聚类中心包括分配给它们的对象构成了一个聚类。在全部对象分配完毕之后，上述聚类分配处理将会被再次应用，不断重复直到满足某个终止条件。我们可以手动设置终止条件，即没有了需要被重新分配的对象或者需要重新分配对象的数目趋于稳定（最小）了，此外终止条件还可以设置为中心不再变化或者变化数目趋于稳定（最小了），甚至还可以把条件设置为误差平方和达到了我们所期望的局部最小等。

聚类不等同于分类，分类是指已知类别，开展基于已知分类的数据的训练和学习，找出不同类的特征，再借此分类未分类的数据，属于监督学习。聚类不需要使用确定标签的数据进行训练和学习，不用了解数据需要分为几类，而是直接通过聚类分析将数据聚合成几个群体，属于无监督学习。

6.3.7.2 常规预处理

数据通常带有量纲，量纲不同的数据不方便比较。例如，游戏用户的在线时长和活跃天数，单位分别是秒和天，数值一般分别是几千和几十。如果直接使用两个数值来表征用户的活跃情况，那么活跃天数的贡献几乎可以忽略。可以将其转化为无量纲的纯数值，把数据统一转换为 0~1 的数，便于不同单位或量级的数字之间的比较和运算。计算方法如下：

$$v'_1 = \frac{v_1 - min(A)}{max(A) - min(A)}$$

6.3.7.3 K 值设定

实际使用 K-mean 方法时一般只是为了预处理或辅助分类获取的数据，因此一般会设置一个比较小的 k。为了选取合适的 k 值，可以把 k 从 2 到 10 左右变化，对每个 k 值，多次运用 k-means 方法以避免局部最优解，计算每一个 k 值对应的平均轮廓系数，最终选取的 k 值应该包含具有轮廓系数最大的特征。

6.3.7.4 聚类结果

聚类模型可以对没有具体类型的数据进行分类，并且分类的标准维度多，常用于客户分类、市场分类、用户行为分类等场景。

聚类的结果分为四个：一个是聚类中心点，可以根据聚类中心点明确应该将目标分为几类。第二个是中心点特征，可以根据中心点的特征给每类打上标签，将分类特征化。第三个是将每条数据打上聚类标签，实现分类管理和统计分析。第四个是一个分类模型，可以通过这个模式对相似数据进行类型判别（见图 6-17）。

6.3.7.5 聚类算法在财政分析中的应用[①]

聚类算法应用于税源监控中，具有强大的适用性和生命力，它可以用于各类税源状况与经济运行情况之间联系的各种分析。在税务部门的实际应用

---

① 张佳瑶. 基于聚类的数据挖掘技术在税源监控中的应用 [D]. 财政部财政科学研究所，2013.

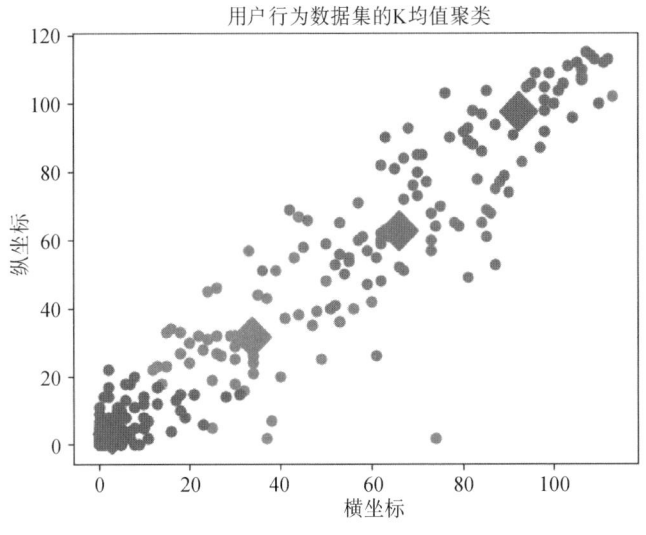

图 6-17 聚类算法结果

中,主要可以实现以下功能:

(1) 对税源情况进行分析,划分出一般税源和重点税源,从而帮助税务部门针对不同的税源采取不同的征管方式。

(2) 识别数据中的异常现象,建立预警机制,甄别出纳税人的偷税漏税等违法行为,保证税收的及时按量上缴。

(3) 分析单个纳税人一段期间的经营状况,并通过以前的情况预测未来的发展趋势。

(4) 对同一时期不同税种的具体缴纳数据进行分析,得出哪些税种是税收收入的重点来源,哪些税种具有相似的特点,从而科学地制定各项税收法律制度,合理规划税源。

具体的属性如表 6-10 所示。

表 6-10　　　　　　　聚类数据属性介绍

属性名称	数据类型	长度	小数位数	注释
ID	Int	8	0	编号
Name	Varchar	16	0	股票名称
ORE	Numeric	16	2	营业收入(万元)
OE	Numeric	16	2	营业成本(万元)

续表

属性名称	数据类型	长度	小数位数	注释
BTS	Numeric	16	2	营业税金及附加（万元）
ITE	Numeric	16	2	所得税费用（万元）
NP	Numeric	16	2	净利润（万元）
NPM	Numeric	16	2	销售净利率（%）
ROE	Numeric	16	2	净资产收益率
NCFPS	Numeric	16	2	每股现金流量净额（元）
NCFO	Numeric	16	2	经营现金流量净额（万元）
NCFI	Numeric	16	2	投资现金流量净额（万元）
NCFF	Numeric	16	2	筹资现金流量净额（万元）
NIC	Numeric	16	2	现金及现金等价物净增加额（万元）

在此案例分析中，为了使得分析的结果更加贴近于当前的实际，决定选用电子信息行业各家上市公司最新季度的财务报告数据。截至 2013 年 3 月，在大智慧软件中收录的最新的季度报告为 2012 年第四季度的。但是有的企业的数据仅更新到 2012 年第三季度，为了保证数据的完整性，故所选用的数据全面来源于各家企业 2012 年第三季度的财务报告。

（1）一般税源：聚类 1 共有 137 个对象，绝大多数的企业都属于这一类。它们所具有的共性是净利润（NP）、所得税费用（ITE）、营业税金及附加（BTS）、净资产收益率（ROE）、销售净利率（NPM）等多项指标都比较低，投资现金流出与其他两类税源相比也较少。但是在营业收入（ORE）、营业成本（OE）又高于第三类别中的对象。这一类别中，是以大中型企业为主，企业规模可能较大，但是经营效益并不高，在税收的贡献上也不高。该类别的代表有深纺织 A、长城信息、中航光电等。

（2）重点税源：聚类 2 共有 17 个对象，它们的共同特点是营业收入（ORE）、营业成本（OE）、净利润（NP）都比其他两类大了一个数量级。因此所得税费用（ITE）、营业税金及附加（BTS）也会相应地增加。在这一类别中，常常是大规模的企业，在经营、投资、筹资等方面的现金流量也会比较多，它们是税收收入的重要来源。该类别的代表有紫光股份、ST 超日、建联光电等。

（3）优质税源：聚类 3 共有 7 个对象，它们与上述两个类别的不同之处在于净资产收益率（ROE）、销售净利率（NPM）这个指标的值是做高的。虽然营业收入（ORE）、营业成本（OE）在这三类税源中是最少的，但是净利润（NP）、所得税费用（ITE）、营业税金及附加（BTS）却比一般税源类别中的企业高。这一类别中的企业，一般是一些中小规模的企业，虽然营业收入和营业成本相比而言是较少的，但是它们却具有很高的经营效益，因此缴纳的税费较多，同样也是税收收入的主要来源，故可称其为优质税源。如科恒股份、南大光电、卓翼科技就属于此类别。

6.3.8 主成分分析

6.3.8.1 主成分分析概述

主成分分析是指以去除获取数据中众多变量的相关性，并减少指标数量为最终目的的降维算法，该算法把原有的指标根据相关性合并，得到更少更好的描述性指标来描述数据。

数据分析主体通常会因为变量数目过多而变得不易理解且非常复杂。人们自然希望用更少的变量获得更多信息。在许多情况下，变量之间有某种相关性。当我们认为两个变量相关联也就是它们重复呈现了主体的一些信息，主成分分析（PCA）可以删除所有原有变量中的冗余变量（密切相关的变量），并尽可能少地建立新变量，以便这些新变量彼此无关，并且这些新变量尽可能保留原始信息以反映主体的信息。

6.3.8.2 主成分分析步骤

进行主成分分析主要步骤如下：

第一步，中心化（均值化），方便求解。根据协方差矩阵：$y = Ex\{(x - E(x)) \times (x - E(x))^T\}$，PCA 首先需要均值化。分别求 x、y 的平均值，然后减去所有的样例对应的均值。

第二步，求特征协方差矩阵，三维协方差矩阵可以这么运算：

$$C = \begin{pmatrix} cov(x,x) & cov(x,y) & cov(x,z) \\ cov(y,x) & cov(y,y) & cov(y,z) \\ cov(z,x) & cov(z,y) & cov(z,z) \end{pmatrix}$$

x 和 y 两个变量的方差被排布在两条对角线上，而协方差的值则被排布在非对角线上。这一矩阵可以衡量两个变量同时变化的相关程度。协方差大于 0：x 和 y 正相关；小于 0：x 和 y 负相关。

第三步，求协方差的特征值和特征向量。

第四步，降序排列特征值，并选取最大的 k 个数据特征，将其对应的特征列向量组成特征向量矩阵。

第五步，将样本点投影到选取的特征向量上，对新成分命名。

6.3.8.3 主成分分析的作用

（1）降低数据空间维数。即可以使用维度更低的 m 维的 Y 空间来尝试代替维度更高的 p 维的原本的 X 空间（$m<p$），并且保证在这个替代过程中损失的信息足够少。这是因为即使 Y 只有一个主成分，这个成分也包含了 X 的所有信息。例如，计算均值时仅一个 Y 也需要使用 x 全部的均值。此外，在 Y 的主成分中，如果 X 的系数接近 0，就可以删除这个 X，借此删除多余变量。

（2）有时可借助负荷因子 a_{ij}，得到 X 变量间的相关关系。

（3）作为多维数据的图形表示形式。当维数大于 3 时，我们不能绘制几何图形。在主体组件分析之后，我们可以选择前两个主要组件或多个主组件，根据主要成分的分数，可以绘制二维平面中 n 个样本的分布。从二维平面中，我们可以直接看到主体组件中每个样本的状态，然后对样本进行分类，找到采样点的离群值。

（4）构造回归模型。把各主成分作为新自变量做回归分析。

（5）筛选回归变量。为使模型易于结构分析、控制和预报，主成分分析筛选最佳变量，减少计算量，获得同样的效果。

6.3.8.4 主成分在财政分析的应用[①]

主成分分析方法可以综合考虑财政收支之间的内部关联性及财政收支与经济水平、人口数量、管辖面积等外部因素之间的密切联系，科学设计财政规模的评价指标体系。

基于《中国统计年鉴 2009》中 2009 年全国 31 个省区财政各项统计数据，对我国省级政府财政规模进行综合评价，这个综合评价有 7 个指标：财

---

① 王宝成. 基于主成分分析的我国省级财政规模综合评价[J]. 湖北社会科学，2011（6）：70-73.

政自给率（X_1）、财政收入占比（X_2）、财政支出占比（X_3）、人均财政收入（X_4）、人均财政支出（X_5）、单位面积财政收入（X_6）和单位面积财政支出（X_7）。

为使用主成分分析法分析我国省级政府财政规模而选取样本之后并使用经典的常用统计分析软件 SPSS13.0；具体过程主要分以下两步：第一，前提条件分析，判断是否适合应用主成分分析方法；第二，提取主成分，确定主成分及其权重，得到各个样本主成分得分以及综合得分。最后，对提取到的两个主成分利用方差最大法进行正交旋转，旋转后得到方差贡献率分别为 62.725% 和 25.777% 的两个主成分，累计方差贡献率为 88.502%。

主成分累计方差贡献率如表 6-11 所示。

表 6-11 主成分方差贡献率

主成分	初始特征值			旋转求和的平方载荷		
	特征根值	方差贡献率（%）	累计方差贡献率（%）	特征根值	方差贡献率（%）	累计方差贡献率（%）
F_1	4.472	63.884	63.884	4.391	62.725	62.725
F_2	1.723	24.617	88.502	1.804	25.777	88.502

得到主成分结果如表 6-12 所示。

表 6-12 主成分因子得分

指标	主成分	
	F1	F2
X_1	0.090	0.373
X_2	0.191	0.028
X_3	0.065	0.558
X_4	0.211	0.068
X_5	0.222	0.337
X_6	0.215	0.008
X_7	0.213	0.003

根据结果，可以得出两个主成分 F_1 和 F_2 的回归函数如下：

$$F_1 = -0.090X_1 + 0.191X_2 + 0.065X_3 + 0.211X_4 + 0.222X_5 + 0.215X_6 +$$

$0.21317X_7$

$F_2 = -0.373X_1 - 0.028X_2 + 0.558X_3 - 0.068X_4 + 0.337X_5 + 0.008X_6 + 0.0037X_7$

得到财政规模综合评价计算公式：$F = 0.627751 + 0.2577712$，其中，F 代表财政规模综合评价得分。

7 财政信息安全保护措施研究

财政数字化平台包含各地区财政单位的数据,许多数据涉敏需要保护。数据信息安全的保护系统,可实现对本地资源及外链资源的保护,要求系统有多级的权限管理,灵活的权限配置。对于每一个用户的数据,用户都可以进行独享和共享的设置。

7.1 财政数据安全管理体系研究

安全体系的涉及面甚广,包括技术、管理等不同内容,不仅是信息系统内部的安全问题,同时也涉及数据资源的安全。从信息安全的物理层面和逻辑层考虑,信息安全即针对实体、数据、平台、通信以及应用等不同方面出发实施的分析管控措施。信息安全包括安全服务、系统单元以及协议层次三大主要部分,各部分涉及内容如图7-1所示。

财政主机系统的安全是整个系统建设的重要组成部分,是保障系统稳定、可靠运行的关键。主机系统的安全包含主机操作系统的安全、硬件的冗余、数据采集和存放等多方面的内容。

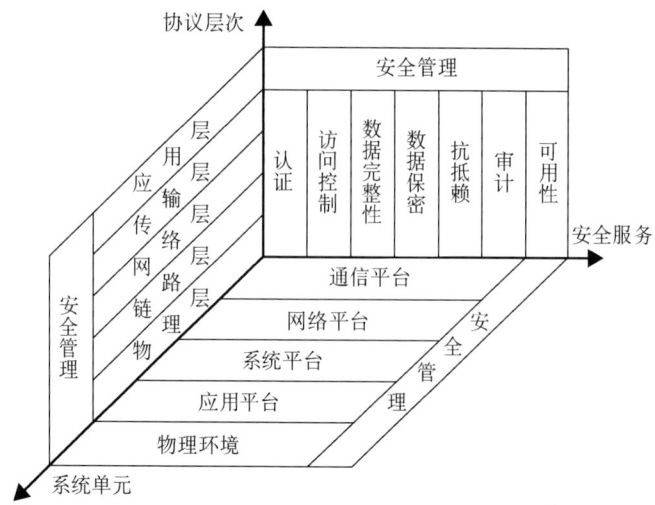

图 7-1 数据安全管理体系

主机的选型应坚持以下几点原则：
- ◆ 易于使用；
- ◆ 硬件设施齐全、质量有所保证，可用于长期不间断运行；
- ◆ 强大的联机事务处理能力；
- ◆ 面临系统故障时能够迅速响应并及时恢复；
- ◆ 系统安全性好；
- ◆ 具备较好的扩展空间以满足后期业务发展的需求；
- ◆ 系统易维护和管理，开放性好；
- ◆ 系统的性能价格比高。

7.2　财政系统硬件平台设计研究

应用系统的多层结构必然导致主机系统也采用与应用系统相对应的多层系统结构。多层次主机系统的逻辑层次如图 7-2 所示。

多层体系结构层次清晰，各层之间分工明确，易获得高效率，相对容易维护，系统规模和性能易于扩展，容易定位和排除故障。在具体组件的部署上，多层结构比较灵活，多层组件可以部署于多个主机，也可以部署在单台主机上。

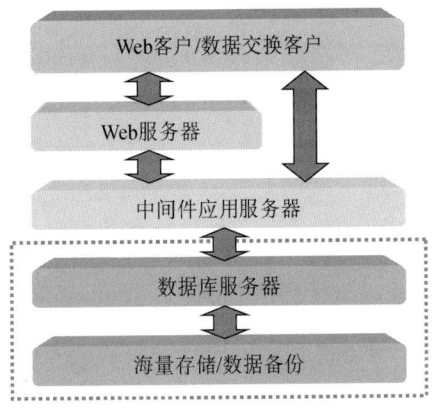

图 7-2 多层次主机系统

多层体系结构也有一些局限，体现在要求的设备比较多，降低了系统的可靠性和平均无故障时间。一般需要使用集群技术来避免故障发生，提高系统可靠性。

针对财政数字化平台的需求，建议使用服务器做集群，来保障高可靠性、高可用性、高伸缩性和服务性。

基于以上的主机系统选型原则，以及国际知名品牌在技术、产品及服务等方面所具有的综合优势，推荐采用成熟的知名品牌的服务器、小型机等作为本系统的主机选型，能很好地满足数据库应用、Web 应用等方面的需求。

在方案设计时，关于性能价格比方面的考量十分重要。我们认为，投资保护不仅是对过去设备产品等投入的保护，更重要的是保证今天的选择在一个较长期时间之后仍能得益。

财政数字化平台主机系统主要由以下服务器构成：数据库服务器、应用服务器、web 服务器、日志服务器、备份服务器、管理服务器等。

（2）应用服务器。对于财政数字化平台的应用系统构建来说，特别是我们将采用大量的 EJB 来实现关键业务逻辑处理时，J2EE 的相关中间件显得特别合适，因为它是目前最成熟的可配置 EJB 集群的产品，能够将应用程序的开发和运行变得更加简单和可靠。

由于我们选用 J2EE 技术作为商业逻辑层应用服务器平台的核心技术，因此，考察应用服务器系统性能时应参照服务器端 JAVA 性能测试标准 SPEC JBB 2000。

作为 SPEC 开发的一个软件基准产品，SPEC JBB2000 是一个非营利的计算机厂商、系统集成商、大学、研究机构、出版商和顾问组织。SPEC JBB2000 是运行 JVM（Java 虚拟机）的主机达到满负荷后，在 2 分钟内，系统平均每秒钟所能处理请求的最大值。

财政数字化平台的应用服务器所要完成的复杂信息核查和查询的业务至少有 5 步操作。假设 JBB 2000 指标的 4 个单位对应一项操作，那么用户的一次信息查询请求所需执行的 5 次操作对应 20 个单位的 JBB 2000 指标（这与软件设计密切相关）。针对前面数据库服务器选型中提出的对系统访问量的估算：峰值访问量约为 1000 次/秒，即（1000 ×20 =）20000JBB2000 值。

基于以上考虑，我们建议采用两台服务器（负载均衡方式）作为应用服务器，每台应用服务器的主要配置为 4 个 CPU、16G 内存，满配时 jbb2000 值高达 50000），完全可以满足新业务及未来发展的需要。

（3）web 服务器。web 服务器的功能是对外发布信息，也包括查询服务功能。我们建议采用两台 PC 服务器（负载均衡方式）作为 web 服务器，主要配置为 2 个 CPU、16G 内存。

（4）其他服务器。对于平台中用到的其他服务器，如接口服务器、日志服务器、辅助应用服务器、备份服务器等，建议采用中档次标准配置的 PC 服务器。

7.2.1 服务器的主要特点与优势

我们所设计的主机系统解决方案具有以下特点、优势：

（1）主机系统具有充分的可靠性、标准的可用性以及灵活的扩充能力与可维护能力。对于企业级的服务器而言，灵活的扩展能力是必要的。面临日益增长的海量数据资源以及企业用户量，企业服务器的处理性能应当获得相应的提升，同时保证服务器对应的存储容量与 I/O 吞吐量也随之扩展。但系统在投入运行后，要求服务器主机系统必须保证每周 7 天、每天 24 小时不间断运行。

我们推荐的高档主机，单机具备完全的硬件冗余能力，同时具有热插拔 CPU、内存、系统板、I/O 组、硬盘、电源/制冷模块等能力，还支持在线 CPU、内存在线升级/维护和动态域错误隔离技术。除了这些单机的可靠性技术特点外，我们还建议采用集群技术，确保主机系统 7×24 小时的连续运行。目前提升高可用性主要有两种途径：

一是使用容错机，这一方案能够达到超过 99.999% 的高可用性的要求，但投资太高，而且升级换代、扩容、移植困难。

二是采用 Cluster 技术，这是解决企业级可用性的最普遍也是最经济有效的方案，目前被广泛采用。

产品不管在单机环境下还是在多机集群环境下都具有优越的扩充能力，其扩充能力涵盖了 CPU、内存、I/O、节点数等各个方面，而且支持 CPU、内存的在线升级，并支持不同主频 CPU 可共存在一台主机内，因此可做到单台主机的平滑扩充。

由于服务器在体系结构上采用高度模块化的设计技术，能全部支持 CPU/内存系统板、I/O 系统板、电源冷却部件、内置硬盘等部件的带电热插拔。因而使系统具有业界最好的可维护性、可扩展性、可缩放能力和不间断升级能力。

（2）系统的安全可靠性。由于企业计算机中往往保存着大量的企业信息资源，这些资源对于企业的健康发展具有重要影响，甚至意味着企业的核心竞争力，所以计算机的失效对于企业造成的伤害毫无疑问是毁灭级的，而对于计算机失效之后的系统恢复，这一活动的重要性则显得不言而喻。

引起计算机系统失效的潜在因素众多，以致企业无法保证百分百避免，不论是地震、海啸等自然灾害，还是黑客攻击、操作失误等人为因素，都有可能引起对企业计算机系统的完全瘫痪。

在我们建议的方案中，从技术选择、产品选型、设备安装与售后服务等各方面提供了有关系统安全可靠性的全面保障。

（3）对高可用集群环境的支持。集群作为多个节点网络集合而成的分散式耦合计算模型，能够高效地为用户提供相应的数据资源以及应用服务，并且保证了高标准的容错故障恢复能力。

集群可以满足用户下列方面的要求：

超越单台服务器的交易性能延伸；

没有单点硬件失效；

非常高的数据和服务可用性；

易于使用的管理工具；

增强的系统管理特性。

根据系统要求，我们在系统配置方案的设计中充分考虑了 SunCluster 集群技术的特点和系统配置要求，以保证设备随时可以扩充配置为集群系统。

集群能够支持不同类型的集群拓扑格式，包括但不局限于单点对多点备用结构、双节点群高可靠拓扑结构、环形拓扑结构等高可靠性的集群拓扑模型。而相应的管理软件能够以浏览器型的图形用户界面，向用户提供友好的操作服务，提高系统的可操作性，保持集群系统高效运行，提高资源调度灵活性，并提供个性化的负载均衡操作选项。

（4）服务器对数据库的支持。服务器能够提供安全、可靠的数据库解决方案，同时能够提供高性能和高度可缩放性，能够支持业界主流数据库软件，包括但不局限于 Oracle 和 SQL 等主流数据库。

7.2.2 集群的特点和优势

集群技术将多个主机系统捆绑起来，将单一运算任务分散到多个主机上运行，进一步提高系统运算能力，同时也提高了整个系统的可靠性和可用性。具体优点如下：

可用性。对于高可用性的需求，服务器集群能够较好地提供这一功能，避免了系统维护导致的程序终止以及故障发生导致的运行中断这类情况的发生，在硬件、系统乃至程序软件方面提供可靠的性能保护，即使在系统或者程序进行升级更新的过程中，应用程序仍能正常运行。

可管理性。借助于服务器集群的优势，操作人员能够实现所有数据资源的即时监控，并对工作负载量进行合理分配，有效解决人工负载平衡难题，高效处理非重要数据资源，避免程序脱机导致的运行中断，提高服务器运行效率。

可伸缩性。服务器集群的优势之一在于能够将应用程序分区于不同服务器中，进而借助闲置状态的分区处理器进行程序运行。面临逐渐扩展的问题规模，服务器集群也能将群外的服务器纳入其中以满足运行需求。应用程序随之进行的分区操作能够将不同类型的数据或运行内容划分为多样化的个体单位。比如，数据库可以在其中被划分为两大部分，一部分包括前50%的数据资源，另一部分包括后 50% 的数据资源。

7.3 财政数字化平台操作系统安全研究

操作系统的选择和主机的关系比较紧密，主机系统的安全遵循如下安全机制：用户身份识别、访问控制、安全审计、资源控制、系统维护、恶意代码和病毒防护。下面详细地逐个阐述：

（1）身份的鉴别。我们的目标就是在现有操作系统基础上构建一个满足 C2 安全级别的安全操作系统，所以至少要实现以下安全机制：

身份认证：标识（Identify）和鉴别（Authenticate）。两者区别在于标识即确认对象身份，而鉴别对照申明身份与实际身份是否符合。比如，在 Unix 系统中，用户名和 UID 的唯一对照就是识别的功能，使用 UID 来确认用户的唯一身份；而鉴别的过程则是输入账号与相应密码进行账号登录这一操作流程。根据应用的不同需求，针对用户做出不同的访问权限控制，系统能够达到很好的安全控制。

除此之外，常用的认证方式还包括 PAM 扩展认证，即通过模块化实现认证，并根据相应的规则提高用户认证流程的灵活性，实现认证拓展。

（2）访问控制。系统常见的访问控制就能够满足 C2 的安全级别要求，通常包括权限矩阵以及访问控制列表两种途径，通常情况下，用户及其进程为访问控制活动的主体，而对应文件为客体。

（3）安全审计。审计（audit）是对影响系统安全的各种活动进行记录并为系统安全员提供安全管理依据的程序模块。作为一个独立的安全模块，审计子系统是安全操作系统不可缺少的一部分，并对系统中发生的各种安全事件做一个单向收集，以备日后分析和查证。

由于传统系统内部缺乏专门的审计功能，操作人员往往需要借助于 Syslog 等通用的系统日志记录功能进行内核审计。根据 C2 级别的安全要求，Unix 系统需要拥有相应的专门审计模块，以满足系统管理员对于内核审计的需求，此时的审计模块对于系统相关的各种操作感知度将大幅提升，能够根据用户的操作请求内容以及登录信息，进行精确的内核审计，并为后续的数据分析提供内容支持。

（4）资源控制。为 zone 设置固定或浮动 CPU 资源的实现方式和过程基本相同，两者的不同之处在于：对于实施了浮动 CPU 资源限制的 zone，其 CPU 资源是在线变化的，而且允许在线手工将 CPU 资源从一个 zone 移至另一个 zone，保证每个 zone 的资源需求。

（5）系统保护。系统提供了高要求的系统保护功能，系统管理员可以通过 root 用户进行系统的高级维护，并且只能是 root 用户或者 root 用户组。

（6）恶意代码和病毒防护。系统是基于 Unix 内核的专用操作系统，具有强大的防御机制，系统管理员可以通过有效的安全配置阻断大部分入侵和攻击。

7.4　财政数字化平台数据库安全研究

从大量国外数据库的实施过程可总结出一套数据库总体解决方案框架，结构如图 7－3 所示。

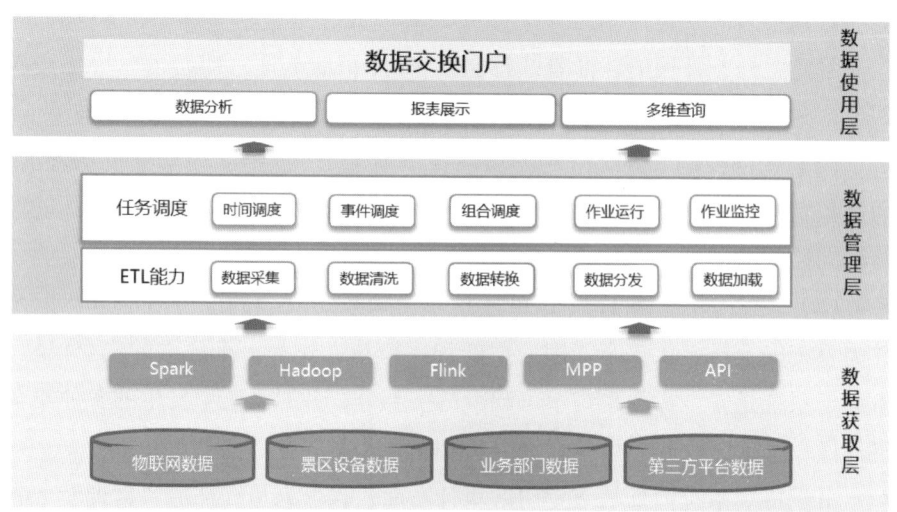

图 7－3　数据库总体解决方案框架

数据库系统的逻辑体系架构是由 3 层组成：

数据获取层的主要用途是，从源系统之中获取初始的目标数据，针对数据采取统一的标准化处理，根据具体要求确定数据分类以及相应格式，最后将数据资源进行存储。

数据管理层的主要用途是，将目标数据资源存储到相应的数据库系统之中。

数据使用层的主要用途是，对需求数据按照一定的数据模型进行数据分析，并将分析结果传送至目标用户，根据用户个性化需求，提供条件查询、报表展示、多层次分析等不同的数据应用服务。

7.4.1 数据库的安全性

（1）身份鉴别。就普通用户而言，用户权限在数据库中主要是两大类型，即用户数据表权限以及系统权限。

比如，应用程序的研发工作离不开 procedure、create 等系统权限的授予，同时为避免程序开发者对数据库进行不当操作，应当将相应数据库操作权限授权于主要负责人。通常程序研发工作需要赋予开发者以下权限：

自由创建 table、index 一类的表空间操作权限；

为每一个应用程序创建角色以及管理每一个应用程序的角色；

对于数据库中目标数据的自用创建等操作权限；

对于应用程序以及数据库的定期维护和代码更新权限。

（2）访问控制。数据库用户的权限非常清晰，可以细化到对特定目录、文件、表空间等对象的读、写操作，并统一由 DBA 用户分配权限。

7.4.2 数据库的技术优势

Oracle 数据库技术平台的显著优势在于其产品高度整合，在精简系统接口的同时，也保留了数据库的完整功能，从而使得数据库管理工作得到简化，系统运行效率与可靠性进一步提升，具体体现在以下几个方面：

完整的数据库解决方案。数据库解决方案提供了数据的获取、管理以及展现三大业务过程，同时 Oracle 10g 数据库另外提供了 OLAP、ETL 等功能以强化数据库管理，进一步提升其集成度。

高性能。数据库系统具有数据量大的特点，如何有效管理大数据量，提供高效的数据访问，是任何一个数据库项目都会面临的问题。作为处于业界领先的角色，Oracle 数据库拥有并行处理技术、数据分区技术、索引技术、物化视图技术等各种助力数据库性能优化的技术，确保数据库处理大数据的高效率，维持系统的高性能。

系统灵活，易扩展。根据"整体规划、分步实施"的操作准则，数据库项目在不断深入更新的过程中，需要及时更新相应主题，并扩展数据存量以及用户空间，尽量减少后期数据库扩容导致的高成本、低效率问题。同时，Oracle 也提供完备的网格计算服务，能够扩展存储器以及服务器，助力后期的系统扩容。并且，在系统扩容过程中，Oracle 数据库具备高度的自适应性能，即使在系统不能中断运行的条件下，也能够完成相应的系统扩容工作。

易开发、易维护。由于 Oracle 数据库集成 ETL、OLAP 和数据挖掘功能，数据库系统内部的接口减少了，开发变得更容易。同时，由于 Oracle 使用标准的开发语言 SQL 和 Java 开发数据库的应用，而 SQL 和 Java 是标准技术，市场上掌握这些技术的软件人员很多，可以很方便地开发高质量的应用。

系统可靠性高。数据库通常是企业数据统一集中存储和分析的平台，其可靠性也就成为关注的重点。关系数据库已经有很长的发展历史，尤其是 Oracle 数据库，是市场上最成熟、最稳定的产品，这一点已经得到国内外用户的一致认可。Oracle 数据库提供多种技术保证系统的可用性，如 RAC 技术、闪回技术、冗灾技术等。如今，由于 Oracle 把 ETL、OLAP 和数据挖掘这些数据库的功能整合到了数据库中，使用户可以利用数据库的技术保证数据库应用的可用性。

市场上的其他数据库工具都不具备关系数据库这样成熟稳定的特点，当系统发生故障时，也没有完善的恢复机制。如果采用非集成的方案，这些工具就成为数据库系统中的薄弱环节，出现问题时会造成全部系统不可用。

快速响应时间。对于数据资源的存储组织格式，数据库操作需要数据能够以统一标准的规格进行处理，借助查询间并行性以及智能合计简化数据库，有效缩减查询响应时间。同时，对于数据分析、信息统计等个性化功能的考虑也不可忽视，确保查询时效的及时性。

Oracle 数据库拥有并行装载、并行查询、分区技术等高效的运行效率优化工具，另外结合功能完备的数据库以及硬件设施，考虑全面的逻辑结构设计，数据库系统的迅速响应需求能够获得保障。

安全性高。客户的数据库系统必须提供一套广泛而严密的安全机制，确保数据在存放、备份、传送和使用等环节上的安全性；为避免数据毁坏一类的灾难性问题，数据库需要保证足够的备份空间，以结合相应的备份程序提高数据安全；建立完善的操作人员授权机制把数据通过授权的方式保护起来，设立数据存取等级；对敏感数据的传输要进行加密，以防止数据被破坏、窃取；要有严密的措施来防范非法入侵。另外，对数据的操作在日志文件里也都要有记录以便于日后进行跟踪。

开放性好。数据库系统要求在硬件设备、操作系统、数据库管理系统以及应用系统方面具有开放性。Oracle 产品是基于业界标准的，具有良好的开放性。

7.5 财政数字化平台存储系统安全研究

财政数字化平台必须保障存储设备的安全性，因此，现在必须要做到的是：保护机密的数据；保证数据的完整性；防止数据被破坏或丢失。

（1）在线数据存储。在线数据存储是指，借助底层 I/O 技术，通过主机直接管理的磁盘存储设备对目标数据进行存储，以实现数据资源的即时访问以及相关数据操作，满足数据应用需求，提高数据处理效率。

此方式通过构建数据存储网络来实现：可以根据业务需求和存储规划，构建基于 SAN 网络存储技术以及光纤或 SCSI 技术的磁盘阵列。在服务器接收到相应数据请求指令之后，在目标数据库中执行数据存取处理操作，并利用数据存取管理软件在上述网络存储设备中，统一以文件形式对目标数据进行即时存储。系统中数据库服务器所控制的磁盘阵列的数据存取方式正是在线数据存储的实现方式，通过相应的应用接口系统，实现各类业务资源数据的在线数据存储。

（2）近线数据存储。近线数据存储是指，将目标数据资源存储于其他磁盘设备，而该磁盘属于本机之外的文件系统。为进行跨系统间的数据存储，该存储形式往往需要利用特定的软件服务或是专用网络，同时特定的数据回迁也是不可或缺的。这种方式的优势在于，相比存储于本机之内，跨系统存储能够确保数据存储不受本机运行影响,但需要较高的回迁传输能力。

在财政数字化平台所建系统中,结合系统特点,采用硬盘作为高速缓冲池,将磁带库的历史数据调入硬盘来使用。利用数据回调接口系统,可以将磁带库中离线数据导入近线数据存储管理服务器的本地硬盘,并通过相应的应用软件功能展现并运用导入的相关历史业务数据或系统管理数据,如图7-4所示。

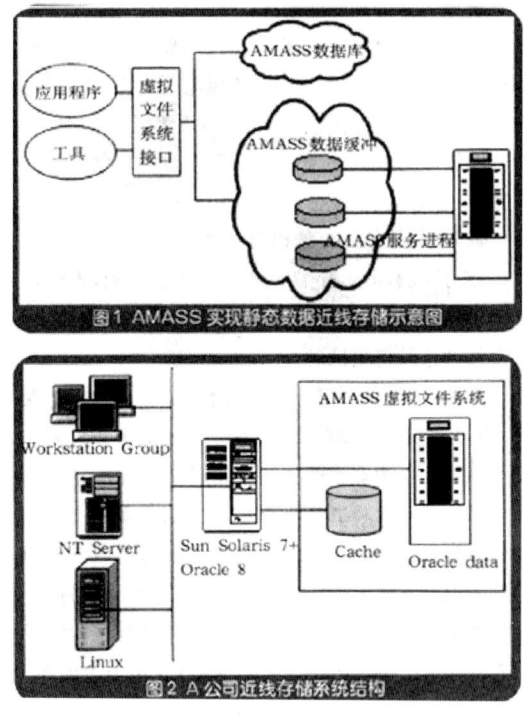

图 7-4　近线数据存储

(3) 离线数据存储。离线数据存储是指,通过磁带存储优势将目标数据存储于随时能够与系统分离并且不会受到影响的硬件中,获得脱离系统的数据拷贝结果以满足异地存放、传输等需求。

此方式主要用于系统以及业务管理时的数据备份工作。根据数据备份计划,对需要备份的业务及系统管理数据,定期进行备份管理。通过数据备份服务器的磁带备份管理软件,在磁带机上备份系统数据,并存储于磁带上,实现离线数据存储。

组合应用上述三种数据存储管理方式，可以有效降低系统数据存储的风险和构造成本，实现完善的数据存储和管理。

7.6 财政数据访问安全研究

身份认证是指为了阻止非授权用户任意访问财政数据系统内的资源，在访问登录之前，对用户名称、设备 IP 等信息进行认证。通常用到的身份认证技术包括以下几种。

（1）通过个人在系统内预存的私密信息来验证登录者身份，如动态口令验证方法与基于密码体制的账号密码的验证方法。随着网络技术的普及和不断成熟，口令认证方式已远远不能满足人们的安全需求。账号密码的形式虽然能满足人们的需求，但密码通常是不变的静态数据，如果在网络上明文传送密码，那么很容易被人在信道上截获，或者被计算机中的木马获取，造成密码泄露，因此账号密码的形式不太安全。

（2）通过登录者独有的物品来验证身份，如通常的智能卡和使用广泛的 USB Key。但智能卡的使用非常不方便，一方面，使用时需要特定的读卡器；另一方面，读卡器需要额外的成本，体积大，不便于随身携带，而且不同的读卡器标准不同，使用十分不便。USB Key 是近几年常用的身份认证方式，非常可靠、方便与安全。它是一种基于 USB 接口技术的电脑硬件，使用时通过电脑 USB 接口和主机进行连接。其内部配置了芯片操作系统、处理器和内存空间，用于存储登录用户的网络数字证书和密钥，通过特定的内置密码转译算法对身份进行认证。

（3）根据用户的生物特征来证明身份。生物识别技术利用人的生物特征，如指纹和声音等来进行识别。但是，这样也带来了成本过高的问题，不建议采用。

我们系统提供第一种和第二种方式的身份认证，第一种主要通过程序实现固定密码的登录方式。第二种是基于 USB Key 和 CA 的安全认证方式，是目前比较通用的安全的用户身份认证方式，下面针对这种方式做详细分析设计。

考虑到系统登录账号与权限的安全问题，需要对用户权限进行分组管理。根据财政数字化平台的功能,将管理系统角色分为两大类:一般操作用户和系统管理员。每一个用户会被赋予特定的访问权限,归到不同的分组中,登录后只能访问权限内的数据资源。

财政数字化平台主要实现了用户的身份认证和用户角色权限的分配。在用户使用账号密码登录系统时,系统内部首先通过 USB 接口完成用户和 USB Key 工具间的验证,如果验证通过,再完成用户和电脑主机的验证,通过这两个步骤就可以安全确认用户有无登录权限,给用户分配预定义的角色。

在财政数字化平台中,用户如果想登录平台,首先需要从电脑的客户点向电脑主机发送身份验证的请求,在电脑主机接到验证请求后,会生成一个动态口令发送回客户端,再由客户端把收到的验证口令转发给 USB Key,该串口令会被 Key 中所存储的私钥加密,加密后会被再次返还给主机,主机会根据公钥进行验证,如果通过验证,那么主机就给用户返回一个用户账号,并在数据库中查找这个账号是否存在,如果存在就允许登录。用户在使用账号登录平台之后,可以在平台上根据所分配的角色权限,在一定的数据范围与操作范围内进行数据查询、材料上传、日志查阅等操作。财政数字化平台将根据用户的指令完成数据库的查找和存储请求。具体操作流程如图 7 – 5 所示。

与通常使用的认证方案比较,上述的双因子认证方式安全性更强,主要有以下优势:

(1) 相比智能卡体积较小,不仅方便携带,而且 USB 接口的标准统一,方便用户在多种电脑客户端进行登录。验证过程中账号密码不会以明文的形式暴露于外网,因此安全性也较高。

(2) 系统登录认证使用了双向认证机制,在电脑主机和客户端之间完成 PKI 认证之后,用户才能进行登录。因此,用户想要获得认证资格,必须同时获得 USB Key 和用户账号。因此,即使用户的账号被盗取,但 Key 没有泄露,依然不会被冒名登录;同样,如果用户的 USB Key 遗失,但不知道用户账号,也无法完成登录。再加上三次错误锁定机制,有效保护平台登录安全。

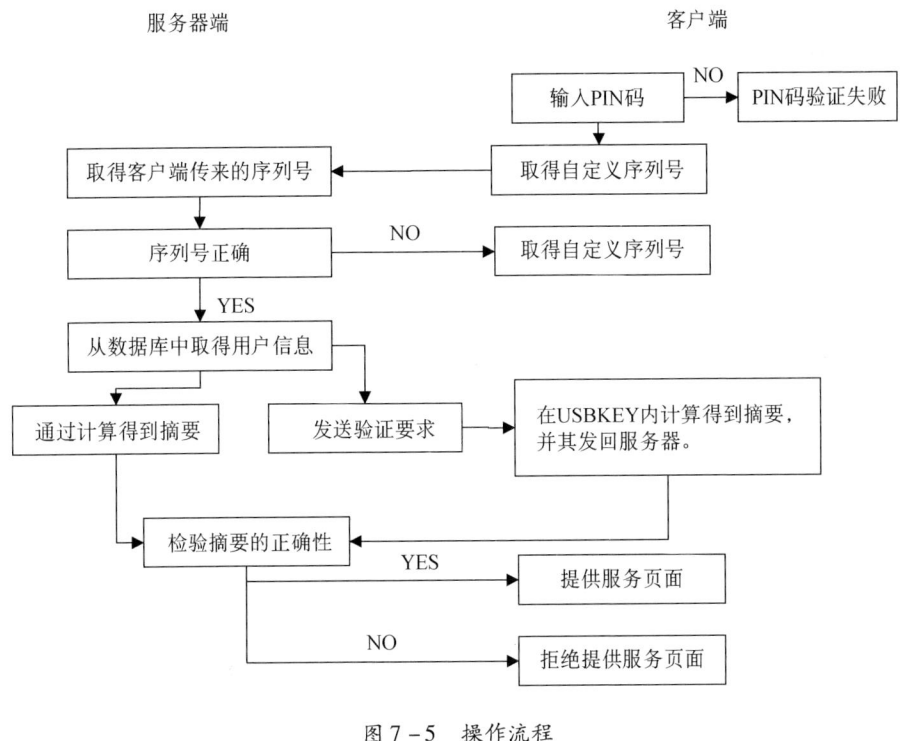

图 7-5 操作流程

7.7 财政数字化平台应用层安全研究

7.7.1 安全通信

财政数字化平台存在许多敏感信息,保障这些信息在网络通信中的安全,是安全保障体系的重要内容。财政数字化平台中的网络安全通信主要包括身份鉴别、数据保密、数据完整性验证以及抗抵赖。

7.7.2 密码算法

财政数字化平台中的安全通信主要是通过密码技术实现,其中涉及公钥密码算法、对称密码算法、HASH 算法以及 MAC 算法。按照国家对商用密码的相关政策法规,系统中的密码算法采用国家密码管理局批准使用的密码算法,基于这些算法的网络通信安全设备采用国家密码管理局批准的商用密码产品。本系统采用的密码包括：

- 对称密码算法：采用国家商用密码算法，主要用于通信数据的保密。
- HASH 算法：采用 SHA - 1 算法，用于数字签名中数据的 HASH 运算。
- MAC 算法：采用 HMAC - SHA - 1 算法，用于通信数据的完整性验证。
- 公钥密码算法：采用 RSA 算法，密钥长度为 1024 比特，用于数字签名和验证以及数据加密密钥的分发。

7.7.3 公钥基础设施

公钥数字证书提供了一种准确、有效地把证书信息与可识别的唯一用户之间的有效绑定关系。在财政数字化平台中，采用数字证书的方式标识系统中每个用户的身份。PKI 的主要目的是通过管理密钥和证书，支持整个系统的以公钥密码算法为基础的数字签名、身份认证和加密技术的安全服务，为财政数字化平台建立起一个安全的运行环境。PKI 的核心是 CA 系统，主要负责证书的申请、证书的生成、证书发放、证书撤消以及证书撤消列表（CRL）的发布。本系统建议采用国家主管部门认可的第三方 CA 系统发放的数字证书，不仅可以降低系统的建设、运行及维护成本，同时也保证了对整个系统用户的"公平、公开、公正"的原则。

7.7.4 SSL 安全方案

目前网络通信中的数据保密、身份认证、完整性验证一般采用 SSL 协议实现。在实际使用时，在通信双方进行交互之前，需要通过数字证书证明身份，这个步骤通常使用三次握手或者四次握手协议实现用户与电脑主机的身份鉴别，确保建立的通信通道安全；双方在进行通信时，通过 SSL 协议中的数据应用协议保证数据的完整性和保密性。在系统中，服务器端 SSL 协议通过部署的两台 SSLVPN 网关来实现，如图 7 - 6 所示。

7 财政信息安全保护措施研究

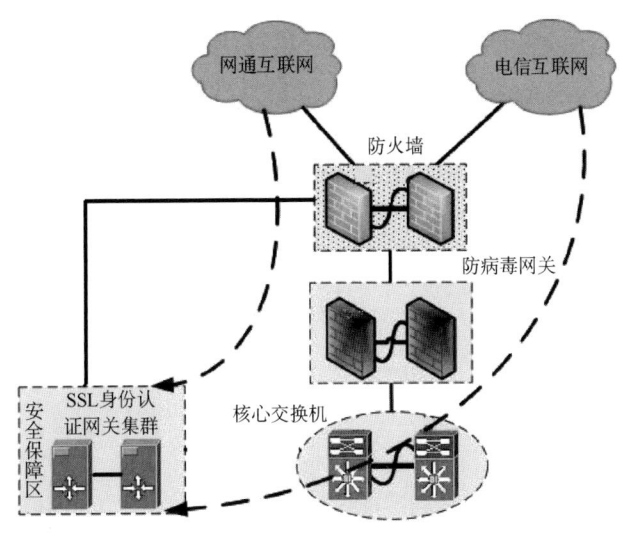

图 7-6 SSL VPN 安全认证系统

7.7.5 抗抵赖方案

系统中的抗抵赖主要采用 RSA 算法的数字签名与验证技术，在应用层通过电子化政府采购系统业务软件实现。抗抵赖机制包括数据原发方抗抵赖机制和数据接收方抗抵赖机制。

数据原发方抗抵赖机制旨在防止数据发送方故意否认发了数据或否认发送数据的内容。包括以下阶段：

◆ 发送方生成数据内容，产生数字签名，并将签名附在发送数据上，必要时可附加时间标签。

◆ 发送方将数据及对应的签名发送给接收方，接收方存储接收的数据及签名。

◆ 出现争议时，仲裁者对数据及签名进行验证，确定真伪。

◆ 数据接收方抗抵赖机制旨在防止接收方故意否认接收到数据或否认其内容。包括以下阶段。

◆ 接收方在接收到数据后，产生确认信息。确认信息包括对接收数据（包括原数据内容和原发方对数据内容的签名）的签名。

◆ 接收方将确认信息发送给数据原发送方。原发送方存储确认信息。

◆ 出现争议时，仲裁者对数据及签名进行验证，确定真伪。

7.7.6 访问控制

（1）应用访问控制。访问控制除了在系统安全解决方案中采用的方法外，还可以通过对身份和权限的鉴别，达到控制用户访问权限的目的。访问控制的目标是防止对信息系统资源的非授权访问和防止非授权使用。本方案中的访问控制机制提供了一种基于身份和属性相统一的访问控制机制。

访问控制功能如图 7-7 所示。

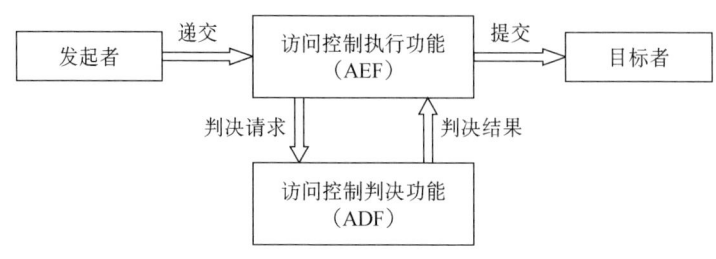

图 7-7 访问控制功能

基于身份和属性相统一的访问控制机制从以下两方面进行描述。

访问控制信息：发起者的访问控制信息是标识发起者身份和用户 ID 的公钥证书。目标的访问控制信息来自于采用访问控制列表、目标标识等。

支持机制：访问控制判决功能对发起者的身份和属性通过其相应的证书进行鉴别，并根据目标者的访问控制属性推导出与发起者属性匹配的操作描述。ADF 判决访问被允许或拒绝的方法是判决发起者的操作请求与目标者的操作描述是否一致。

财政部政府采购管理交易平台系统中，权限划分为：超级管理员、系统管理员、终端用户。超级管理员拥有最高权限，可以授权系统管理员，再针对各种用户的业务需要，根据权限最小原则，分别授予不同用户与业务相适应的数据与操作最小权限，通过最小授权来制约用户在实现应用系统的访问控制。

数据库访问控制

财政数字化平台采用三层结构设计控制数据库的访问权限。数据库管理系统 Oracle 与 MySQL 的访问控制主要是采用用户管理、数据库对象的授权等机制，这种机制并不能彻底保证数据的安全，只要非法访问者的访问请求能够到达数据库，就能突破其本身的访问控制机制，所以，我们采用三层结构设计将所有不明确的访问进行隔离，彻底保护数据库不被非法用户访问。

针对数据库访问控制，我们将数据信息分为发布数据（如对外公布的招标公告、办事指南等）、应用数据（如开标前提交的标书、评标过程中产生数据等）、敏感信息数据（如从涉密网获取的采购预算等），对应的数据库分别是发布数据库、应用数据库、敏感信息数据库。发布数据库中所有信息都将由应用数据库写入，发布数据库没有读取服务应用数据库的权限；应用数据库的部分敏感信息将由敏感数据库通过安全隔离网闸写入应用数据库，应用数据库也没有访问敏感数据库的权限，采用三层结构设计能重复保障各层次的数据安全。

8

结论与展望

8.1 全书总结

本书立足于大智移云等先进技术的时代背景,针对财政数据平台的数字化转型进行研究,研究内容从理论发展到技术实现均有涉及,旨在为当前财政相关数据的管理提供先进、高效的思路,以满足信息化时代对于数据处理的高标准、高要求。

回顾本书所做的工作,主要包括以下内容:

(1) 对于国内财政数据工作现状进行详细的需求分析,即财政数字化平台的研究工作应当立足于为国内财政平台数据提供研究支撑,并针对全国范围内的财政项目能够实现数据跟踪与分析、数据统计与建模、预算决算与分析、支出监控与增效,并建立起有效的财政数据中心。而为了满足以上需求,财政数字化平台的发展方向应当包括以下功能:全面的分析报表、高效的数据采集、完备的数据监管、有效的数据挖掘、合理的数据预测以及智能的应用服务。在具体的实现层面,财政数字化平台的搭建则需要注意数据采集渠道、数据中台、动态展示报表以及智能财政服务几个方面的内容建设。

（2）总结当前国内相关研究成果，围绕财政数字化转型做科学合理的研究综述。首先，针对财政以及大智移云等研究主体进行内涵与外延的探讨，同时从大、智、移、云四个角度出发研究各自对于财政数据化转型的影响，之后总结大智移云技术对于财政数字化进行的共同作用。其次，针对目前财政数字化转型中遇到的问题进行阐述分析，问题主要从宏观层面、中观层面以及技术层面三个方面展开分析，宏观层面包括对财政数字化认识有待加深、财政信息化创新性应用力度亟待提高、财政信息化人才缺口急需解决三大问题；而中观层面则包括财政大数据标准缺乏以及财政信息利用率低下两大问题；技术层面而言，主要是数据处理效率低、个性化需求无法满足、相关平台建设落后以及财政信息孤岛化四个问题。最后，总结大智移云技术在财政数字化进程中的重要意义，即充分挖掘财政数据的潜在价值、全面推进政府资源的重整与深入应用，有效联结财政部门各信息孤岛、积极推进财政管理现代化转型，积极助力透明财政建设、有效提高绩效评估准确性，促进财政服务智能化转型，推动财政领域学术研究。

（3）围绕财政数字化平台的各方面需求进行具体探究，对于财政数字平台相关的数据采集、数据存储、数据检索、数据分析、数据可视化、数据挖掘、数据决策进行详细的研究以及需求总结分析。同时针对具体需求明确数字化平台建设目标工作，共分为搭建财政数据实时处理框架、数据检索与汇总模块、风险识别与预警、数据特征分析工具、数据特征分析模型库、数据特征库模块、数据共享模块、数据前端展示模块、数据中台建设与数据赋能、数字化平台建设与决策智能几个部分主要工作。而对于数据化平台搭建则需要借助一些关键的技术，研究技术内容主要包括：多数据融合技术、关键指标设计与实现、全文检索技术、数据可视化技术、分布式存储技术、分布式计算技术、大数据分析技术。

（4）以具体的财政业务数据为研究对象确定对应的统计指标，首先对财政数据基本的统计概念（如最值、同比、频率等）结合国家统计数据进行应用介绍，之后介绍平均数、四分位数、众数为代表的集中趋势指数及其应用，以及介绍极差、方差、标准差、离散系数为代表的离散趋势指标及其应用，结合这些常用数据统计指标对数据分布原理进行介绍，最后是介绍一些涉及各类数据指数的相关影响因素分析方法及其财政数字化应用，如 PAC 主成分分析、T – test 显著性检验。

（5）针对财政数据的机器学习建模工作进行研究，首先是关于财政数据的预处理工作，为了提高后续数据操作的高效性与合理性，需要进行必要的数据预处理操作，包括去除不需要的字段、数据降噪、缺失值处理、数据一致性处理、数据降维、数据变换等处理工作，之后以 MySQL 数据库的常用语法介绍一些基本的财政数据查询操作指令，最后是针对后续数据建模涉及的方法与技术进行原理介绍以及应用分析，包括多元线性回归、时间序列、决策树分类、随机森林、神经网络、KNN 邻近分类算法、K-means 均值聚类算法、主成分分析。

8.2　未来发展与展望

综合本书所讲内容，大智移云作为目前数据处理反面最先进的技术集合，以及财政数字化平台作为财政部门办公业务输出数据的处理中心，两者的集合实属相得益彰，一方面大智移云技术的引入有利于推动财政数字化转型进程、提高数据使用效率，另一方面财政数字化平台的搭建也有利于推广大智移云技术、促进大智移云理论的深化与应用。实际而言，财政数字化其实也只是财政业务流程中的一部分内容，在关于财政数字化转型的具体研究与实践中，需要在确保符合财政部门日常业务的实际需求前提下，充分利用大智移云技术的优势，将数据挖掘等各类型算法与财政数据独特性进行结合，以实现高效的数据采集、合理的数据监控、全面的数据挖掘、准确的数据预测功能，并通过提供全方位多维度展示的分析报表等形式，满足财政服务的多样化需求，为财政业务人员提供更加个性化的助力服务。

综合考虑本书的研究成果以及目前国内有关财政数字化转型的现状，我们有充分的理由可以确定大智移云技术在财政数字化转型的过程中将扮演不可替代的角色，数字化平台搭建时全面结合大智移云技术已经完全满足现实可行性。

首先，从技术方面考虑，以数据可视化、分布式计算等为主要代表的大智移云技术，目前已经逐渐普及到各行各业，诸如金融、医疗、教育等行业均能发现大智移云技术的使用，其技术优势对于财政数字化的转型也是不言而喻的。

其次，就发展趋势而言，近几年政府陆续出台文件要求发展大智移云技术与财政实践活动的交流融合，传统的财政数据治理模式已经不能满足如今日均达兆级的财政数据流量处理需求，财政数据处理工作急需引入全新的技术以突破传统数据处理桎梏，财政数字化的成功转型不仅影响到财政相关数据处理业务，同时也对实现财政数据的价值最大化以及财政业务的高效运行产生深远影响，只有借助于大智移云技术，才能逐步实现财政数据的互通和共享，优化公共财政体系，才能实现财政管理规范化、精细化和科学化的目标。

最后，从研究对象出发，大力促进财政数字化转型工作的主要原因是改善财政数据治理现状、提高财政数据处理效率，而大智移云技术最主要并且最显著的优势则是对于海量数据的高效处理。目前我国大智移云技术发展日益加快，其技术应用也在与其他行业的融合发展中逐渐成熟稳定，对于财政数字化转型的工作进展必然会产生积极的推动作用，将财政数字化平台的数据处理优势发挥到最大效用。

8.3 对策与建议

就目前而言，大智移云技术与财政数据的结合程度还有待提高，针对当前大智移云技术的应用水平以及财政数字化进程，本书针对以下几个方面提出建议，希望在将来能够进一步加深大智移云与财政数字化的融合。

8.3.1 突破传统财政办公模式

面临日新月异的技术进步和时代需求，财政相关部门需要结合现代化的最新理念，充分利用大智移云技术转变财政办公模式，特别是在传统财政办公劣势所在的事前预测与事中控制上寻求突破。同时在财政相关数据的全面收集与实时跟踪方面，也应当着重建设各部门之间的信息化联结，提高财政数据在跨部门之间的整合力度，朝着信息一体化的方向发展。相比于财政数据隔离式分布的传统财政组织模式，各级财政部门应当不断提高网络信息平台的运用，在财政数据方面确保网络信息全领域、跨部门的全覆盖，并且在财政、税务等各部门网络联结的基础上，确保对应财政数据的实时共享，推动部门之间财政数据的资源整合，即促进跨部门的财政数据平台一体化。具体而言，不论是各部门的收支预算，还是国库的集中支付，这些业务产生的数据资源都需要通过一定的信息传输机制，尽可能地汇入统一的财政数据平台，进而通过相应的数据挖掘算法输出数据分析结果，为不同的单位部门提供更加智能、精准、合理的数据预测、政策制定等服务。同时，财政数字平台的建设也离不开对应用户权限的设置以及完善的身份验证机制，这不仅有利于加强平台用户管理，也能够维持数字平台的高效运行，避免出现虚假用户操作、跨权限操作等风险活动，以提高财政数据共享的安全性。总而言之，就财政数据的共享与传递而言，在财政部门的管理模式上，应当注重各部门信息机制相互制约、相互联结，确保数据资源有效共享；在财政相关部门的组织模式上，应当注重不同部门不同操作人员的对应数据操作权限，确保数字平台高效运行。

8.3.2 加大相关专业人员培养力度

当前政府各部门对于财政信息化建设的重视程度仍然有待提高，不论是财政数据的科学管理，还是相关信息化软硬件设施的搭建，这些工作都还处在朝着财政数字化发展道路的初始阶段。在这一阶段，首先值得重视的就是相关专业人才的培养问题，当前财政数字化人才呈现严重的需求远大于供给的情况，在财政数字化转型的阶段，除了加强对于财政数字化人才的选拔，同时政府应当着重提高相关领域人才的培养力度，通过定期举办讲座、安排入校培训等措施，积极推动财政相关人员进行相应技能的学习，持续研究最新经济政策与发展趋势，不断学习财政办公相关的信息化技术，及时更新工作人员财政办公软硬件设施以提供设备支持。在这样的培训过程中，政府部门已有的相关工作人员能够从传统的办公模式脱颖而出，转变为符合时代需求、能够充分利用信息化技术的复合型人才，以实现大智移云理论与实际财政业务流程的结合，提高政府数据处理效率，并推进财政数字化转型进程。

8.3.3 完善数据处理相关准则

由于财政相关数据来自于不同部门，数据统计标准不一致一直是严重问题，在财政办公信息化的趋势之下，不同部门应当对于各自的财政数据系统进行统一化处理，确保数据来源经过系统加工后能够成为统一标准的数据格式，以更好地满足相关工作人员数据办公的需求，提高数据处理效率。通过充分使用大智移云的技术，财政部门工作人员应当保证其与相关部门、企业单位之间的紧密联系，通过建立起完善的数据处理制度，充分实现不同部门主体之间的业务数据共享，以便政府机构高效地实行相关数据业务的监管控制，针对不同部门的数据进行统一汇集与有效处理。通过完善的数据处理准则与机制，传统的数据资源不再是单一维度的独立化数据，而是朝着更加多维度、多层次的方向进行转变，应满足财政办公在互联网时代所迸发的多样化需求，在满足政府自身需求的前提之下，结合大智移云技术与财政理论的更新，构建高效、合理的分析模型与方法，推动财政信息化系统的全新发展，为政府财政办公提供强有力的数据支持，积极推动相关部门办公效率的飞跃。

8.3.4 强化数据激励与监督工作力度

在财政数字化转型的过程中，关于财政相关数据产生部门的监督与激励是不可忽视的。就目前而言，由于财政相关部门作为政府机构缺乏货币收益，并且公共权力的激励效应存在一定局限性，对于相关数据工作的激励机制还有待完善，激励机制不应当仅局限于物质激励，也应当从成就感、责任心、福利政策、晋升机制以及绩效管理等有效措施出发，充分促进数据业务流程的高效运行，提高相关业务人员的工作积极性，推动具体部门及个人对于相关决策与活动的结果负责，从而营造"管理高效、运作科学、工作积极"的部门工作氛围。同时也应当加强在数据相关业务工作上的监督力度，通过强化内外部预算监督机制，使预算监督覆盖财政治理事前、事中、事后整个流程，积极推动政府关于各项公共财政目标的完成，杜绝贪污受贿等腐败滋生现象以及磨洋工等工作懈怠状况的发生。借助于大智移云的技术，数据监督工作能够实现国库账户即时监控、财政收入实时查询、政府资产全产分析、重点支出风险预警、财务核算量化考核与在政策建议等不同场景的应用功能，全面提升财政数据治理的现代化水平。

参考文献

[1] 毕瑞祥. 财政大数据建设策略研究 [J]. 中国管理信息化, 2019, 22 (5): 131-133.

[2] 林晓壁. 财政信息化在阳光财政的重要应用研究 [J]. 时代金融, 2017 (15): 169.

[3] 李明欣. 大数据时代财政信息化转型路径 [J]. 中国信息界, 2019 (2): 78-80.

[4] 郝福锦, 王曙. 大智移云背景下地方财政数据治理的转型研究 [J]. 常州工学院学报, 2019, 32 (2): 40-42.

[5] 马海涛, 白彦锋, 岳童. 新中国 70 年来我国财政理论的演变与发展 [J]. 社会科学文摘, 2019 (12): 44-46.

[6] 马洪范. 大数据时代的财政治理 [J]. 地方财政研究, 2017 (12): 4-9.

[7] 孟晓云, 王珊珊, 王律科. 信息化引领财政迈向智能时代 [J]. 信息化建设, 2018 (9): 58-59.

[8] 刘新雯. 基于综合改进随机森林算法的中国财政风险预警研究 [J]. 计算机应用与软件, 2018, 35 (9): 73-78.

[9] 郑烨, 蒋轶. 基于线性神经网络模型的政府财政支出结构预测——以新疆为例 [J]. 技术经济, 2012, 31 (10): 106-112.

[10] 蒋丽华. 数据挖掘技术在税务稽查中的应用 [J]. 税务研究, 2007 (5): 84-86.

[11] 沈斌, 赵重远. 基于 KNN 算法的财政预算监督方法 [J]. 武汉

工程大学学报，2020，42（1）：108 – 112.

[12] 马建斌，李滢，任爱华，赵岩红. 河北省"大智移云"信息产业发展对策研究［J］. 北方经济，2018（3）：45 – 48.

[13] 邵延萱. 基于灰色预测与主成分分析的地方财政收入预测与影响力因素［J］. 佳木斯大学学报：自然科学版，2018，36（1）：158 – 162.

[14] 刘文卿. 新时代对财政大数据应用的思考［J］. 地方财政研究，2017（12）：10 – 14.

[15] 王琦超，李广辉. 云计算在 Web 数据挖掘技术中的应用［J］. 九江学院学报：自然科学版，2020，35（1）：74 – 76.

[16] 刘子欢. 大数据下数据挖掘技术的应用研究［J］. 数字技术与应用，2020，38（1）：34 – 34.

[17] 路伟果，刘光军，彭韶兵. 数据挖掘技术对会计的影响及应对［J］. 财会月刊，2020（7）：68 – 74.

[18] 肖建军，邱瑞，肖崇星. 基于标签的数据挖掘技术的研究［J］. 中小企业管理与科技，2020（4）：156 – 157.

[19] 谷磊. 档案馆档案统计数据可视化展示应用研究［J］. 中国档案，2020（5）：38 – 39.

[20] 蒋涪陵，汪泳. 疫情可视化设计中的数据分析与表达方法研究——以"重庆市新型冠状病毒肺炎疫情数据可视化分析"为例［J］. 工业工程设计，2020，2（2）：32 – 38.

[21] 张玉，舒后，孙昊白. 数据可视化及应用研究［J］. 北京印刷学院学报，2020，28（4）：135 – 140.

[22] 杨鹏飞，郭鸿湧，赵继军. 基于 SSM 框架的社区环境数据可视化系统［J］. 电脑知识与技术：学术版，2020，16（12）：99 – 101.

[23] 焦向雨，黄康辉，卢峥. Hadoop + JavaWeb 大数据分析可视化系统［J］. 中小企业管理与科技，2020（6）：151 – 152.

[24] 陈国靖. 基于云计算的 Hadoop 大数据平台挖掘算法及实现研究［J］. 信息与电脑，2020，32（6）：44 – 46.

[25] 周国民，刘昱成，陈光宣，吴荻，陈光笑，张雷. 面向 Hadoop 的大数据取证研究［J］. 中国人民公安大学学报：自然科学版，2020，26

（1）：77-83.

［26］朱敏，宋清林. Hadoop 平台应用多种挖掘算法研究［J］. 白城师范学院学报，2020，34（2）：35-40.

［27］田支斌."互联网+"与高校数字档案馆公共服务平台建设实践探索［J］. 黑龙江档案，2020（2）：76-77.

［28］江佳原. 实时大数据平台的设计与实现［J］. 金融科技时代，2020，28（2）：75-78.

［29］曾贞. Hadoop+GPU 大数据平台架构可行性分析——应用于上海市中职计算机类课程资源［J］. 现代信息科技，2020，4（1）：66-68.

［30］刘春. 政务大数据平台网络安全建设和运维策略分析［J］. 重庆经济，2020（1）：35-39.

［31］俞成功，丁静. 基于区块链的健康医疗大数据平台构建［J］. 电子技术与软件工程，2020（6）：176-179.

［32］许文鹏，李胜广，赵士伟，李思，李攀. 基于 Hadoop 框架的大数据平台探析［J］. 中国安防，2020（4）：38-45.

［33］任佳，张建军，王晗，李晓静. 公共卫生大数据平台架构［J］. 中国科技信息，2020（6）：111-112.

［34］陈希源. 基于"互联网+"的农业大数据平台构建［J］. 电子世界，2020（8）：48-49.

［35］刘小钊，董寒光，孙军宪. 财政大数据应用对策［J］. 西部财会，2016（10）：7-9.

［36］毕瑞祥. 财政大数据建设策略研究［J］. 中国管理信息化，2019，22（5）：131-133.

［37］龚峻峰. 财政大平台环境下的财政预算执行审计初探［J］. 审计与理财，2014（1）：18-20.

［38］丁碧亮，陆泽宇. 信息化平台引领"智慧财政"［J］. 山西财税，2014（5）：28-29.

［39］刘琳. 搭建科技化管理平台 创新政府项目财政管理——以深圳市光明新区为例［J］. 经济研究导刊，2016（11）：164-166.

［40］秦新忠，徐正玉. 构建财务集中管理平台 提升市直单位的财政财

务管理水平［J］．安徽水利财会，2017（3）：22-23.

［41］王智．完善财政信息化平台建设和运行机制充分提升财政资金运行与监管效率［J］．财会学习，2019（8）：193-194.

［42］郭鹏．搭建财政大数据应用平台助力"智慧财政"建设［J］．财政科学，2019（2）：134-138.

［43］马薇，吴婷婷，赵悦．基于数字化模型开展持续审计监督的创新实践［J］．中国内部审计，2019（8）：70-73.

［44］张佳瑶．基于聚类的数据挖掘技术在税源监控中的应用［D］．财政部财政科学研究所，2013.

［45］肖永良，肖如良．决策树在高校图书馆财政预算中的应用［J］．科技广场，2007（11）：163-164.

［46］王宇轩．多元回归统计模型在国家财政收入预测中的应用［J］．科学家，2017，5（12）：23-25.

［47］张锦宗，朱瑜馨，周晓钟．消费、投资与进出口对各国GDP增长的贡献［J］．开发研究，2019（01）：155-160.

［48］王宝成．基于主成分分析的我国省级财政规模综合评价［J］．湖北社会科学，2011（06）：70-73.